PAROLE CONTROTEMPO

Stefano Zamagni

Prudenza

il Mulino

ISBN 978-88-15-25986-8

Indice

Introduzione. Una virtù controtempo p. 7

I. Le doti della prudenza 35

II. Quando in economia ci si dimentica della prudenza 59

III. I compiti della prudenza nella società postindustriale 87

Anziché una conclusione, un rinvio 121

Introduzione

Una virtù controtempo

Cos'è la prudenza classica

Di che cosa parla questo libro? Di una parola da tempo fuori moda, ma oggi in netta ripresa: *prudenza*. Quando essa viene usata è spesso interpretata erroneamente oppure usata male. Eppure si tratta di una virtù antica che però nel corso del tempo è andata soggetta a interpretazioni diverse, oltre che a slittamenti semantici. Sforzarsi di comprendere come mai ciò sia accaduto è uno degli scopi di queste pagine. Parlare di prudenza vuol dire parlare di virtù, termine che si direbbe di altri tempi. Più di settant'anni fa, Paul Valéry scriveva: «La parola *virtù* è morta o, almeno, morente. La si dice a fatica o raramente e quasi sempre in tono ironico». Invero, nell'immaginario popolare, virtù è termine più spesso associato a figure di poco fascino. È il soggetto trasgressivo, piuttosto che quello virtuoso, che pare riscuotere le maggiori attenzioni. Prova ne è che anche quando discutiamo di temi che chiamano in causa il bene e il male preferiamo rifugiarci in parole che suonano più chiare, più rigorose, come *dovere*, *norma*, *razionalità* e simili.

Ma non è sempre stato così; e il caso della prudenza ce ne dà chiara conferma. Certo, ragionare sulla prudenza è operazione irta di ostacoli. È difficile, infatti, che qualcuno non sia d'accordo sull'importanza da assegnare alla giustizia, alla fortezza, alla temperanza – le altre tre virtù cardinali, così chiamate per primo da Sant'Ambrogio. Intorno alla prudenza invece c'è controversia, dal momento che si tratta di una virtù elusiva, sulla quale non brilla quella luce che invece circonda le altre. In questo lavoro cercherò di difenderla, mostrando come, nella nuova configurazione socioeconomica della nostra società, che si è andata delineando al seguito della globalizzazione e della rivoluzione digitale, la prudenza stia tornando oggi a essere parola significante.

Per cominciare a ragionare di prudenza conviene avvalersi del riferimento alla storia.

E ciò per la fondamentale ragione che l'evoluzione dell'idea di prudenza ci fa comprendere come il contenuto specifico di tale virtù dipenda dalle peculiarità delle varie epoche storiche. Non potrebbe essere diversamente, se si considera che la prudenza è la virtù della convivenza umana, e che dunque la capacità di incorporare la prudenza in concreti progetti di vita dipende dallo stadio di sviluppo raggiunto dalla comunità. Un *éthos*, cioè una forma di vita, è sempre partecipato da una comunità. Non ci sono virtù senza comunità e tradizioni entro cui esse possono essere trasmesse e innovate, come Alasdair MacIntyre ha convincentemente argomentato nel suo *Dopo la virtù*[1].

Per comprensibili ragioni di spazio, limiterò il mio riferimento alla storia della tradizione occidentale e il mio *incipit* è la classicità greco-romana. Lo dice bene Robert Hariman: la prudenza classica è la risorsa necessaria per l'autonomia personale e l'elemento indispensabile della leadership politica[2]. Comune a tutti gli autori classici è l'insistenza sulla necessità che il governante pratichi la saggezza – la *phrónesis* nel greco di Aristotele, ovvero la *prudentia* dei latini (*prudentia* deriva da *providentia*, che significa «guardare in avanti, vedere lontano»). La prudenza è dunque la capacità di stabilire con sicurezza «che cosa si deve fare oppure no». Scriverà in seguito Tommaso d'Aquino che la prudenza è *recta ratio agibilium*, retto criterio per come si deve agire; tutt'altro, perciò, che una forma di precauzione a oltranza o cedimento alla meschinità. L'uomo prudente è sempre «forte», cioè pronto a impiegare le proprie energie per affrontare gli impedimenti che si oppongono alla buona scelta. È per questo che Platone codifica la prudenza come la prima delle quattro virtù cardinali, proprio per la sua rilevanza nell'esercizio corretto del potere politico.

Aristotele, nel libro VI dell'*Etica Nicomachea* (Nicomaco era suo figlio), e poi nella *Retorica*, distingue due categorie di virtù: quelle associate alla volontà (virtù morali) e quelle associate all'esercizio della ragione (virtù intellettuali). Queste ultime sono acquisite attraverso lo studio e l'esperienza; le prime mediante l'*habitus*. La prudenza è virtù intellettuale, cioè *dianoetica*. Né scientifica, né artistica, né contemplativa, la prudenza è la capacità di ragionare intorno a casi particolari di questioni contingenti con riguardo a ciò che è buono o cattivo. Tale ragionamento si realizza attraverso la deliberazione e si completa nell'azione. La prudenza svolge pertanto una funzione essenziale rispetto al fine della fioritura umana (*eudaimonía*) e, in quanto capace di rendere tra loro compatibili interessi individuali e collettivi, guida le altre virtù. Come dirà in seguito l'Aquinate, la prudenza è *auriga virtutum*, conduttrice di tutte le virtù.

Definendo la prudenza virtù intellettuale, lo Stagirita non è però in grado di indicare il metodo, cioè la via per giungere, nella pratica, all'identificazione degli elementi costitutivi della stessa. La sua proposta non va oltre il suggerimento di osservare e seguire la condotta della persona prudente, il *phrónimos* appunto. L'uomo saggio è modello e criterio per giudicare quando un comportamento è virtuoso o meno. Ma come si fa a identificare il *phrónimos*? La risposta ci viene da Cicerone, cui si deve l'intuizione di ancorare la ragion pratica alla conoscenza della realtà sociale e di suggerire l'adozione del discorso pubblico come forma privilegiata dell'agire prudenziale. La persona prudente, infatti, in quanto appartenente a una comunità, incorpora in sé la visione della vita buona che quella comunità ha coltivato e tramandato nel corso del tempo. E dunque per riconoscere il *phrónimos* occorre entrare nel circolo, nella comunità di cui egli è parte. L'oratore capace di discernimento e di abilità argomentativa diviene così il modello da imitare per tutti coloro che vogliono esercitare la prudenza come via per negoziare i conflitti che minacciano la pace e la coesione sociale della *civitas*.

Un significativo, seppure limitato, recupero della prudenza durante il Medioevo avviene a opera soprattutto di Tommaso, al quale si deve la definizione della prudenza come virtù sia intellettuale sia morale. È grazie a tale duplice attributo che la prudenza è capace di distinguere la virtù dal vizio: ecco perché è definita «retta norma dell'azione», come si è detto. La storia successiva della prudenza conosce una stagione di autentica rinascita all'epoca dell'Umanesimo. Ciò avviene sull'onda dell'esigenza forte di tornare a guardare alla Grecia e a Roma. Questo ritorno all'antico sottolinea quanto gli umanisti del XV secolo considerassero le categorie elaborate dal pensiero medievale incapaci di fornire radici profonde alle trasformazioni in atto nella vita sia civile sia economica; è per questo che si pensa di trovarle in un ritorno alla Grecia o alla Repubblica romana. Per rifondare la *civitas* occorre partire dalla considerazione che il lavoro umano non può continuare a essere visto come attività moralmente più bassa rispetto alla contemplazione; esso va innalzato al rango di azione che completa l'opera creatrice di Dio. Ma se il lavoro è questo, allora è chiaro perché la prudenza non possa non essere richiamata in servizio.

L'attacco alla prudenza in età rinascimentale

Gli umanisti affermano con forza che la sola vera virtù è la virtù civile, la sola vita veramente umana è la *vita activa*. Non c'è quindi virtù nella vita solitaria, ma solo nella città. Come scrive Leonardo Bruni, l'uomo «debole animale, per sé insufficiente, raggiunge la sua perfezione solo nella civile società». La prudenza torna così in cattedra. Ciò avviene anche in seguito alla nuova riflessione intorno alla felicità che, sulla scia aristotelica, viene vista come frutto delle virtù civiche e quindi una realtà immediatamente sociale. La tesi comune sul rapporto virtù-*civitas*-felicità è chiara: «la virtù, se è seria virtù, è sociale» (Eugenio Garin). Non c'è felicità disgiunta dalla vita civile; la felicità o è pubblica o non è.

Ora, mentre gli umanisti civili del XV secolo abbracciano, articolandola e arricchendola di nuove sfumature, la posizione dei classici sulla prudenza, Machiavelli si adopera con apparente successo in un lavoro di totale decostruzione di quella tradizione di pensiero: la prudenza da virtù morale diviene arte per il calcolo e la gestione del potere. Scompare, con il celebre fiorentino, ogni riferimento alla categoria di bene. La prudenza serve al governante per conservare e accrescere il suo potere. In un certo senso, con Machiavelli si ritorna ai presocratici, per i quali la virtù non aveva un'accezione morale. Il bene indicato con tale parola consisteva infatti in abilità di tipo tecnico, fisico, prestazionale. Nell'*Iliade* la virtù è la capacità dell'eroe di prevalere sull'avversario. Nell'*Odissea* a questa capacità vengono aggiunte qualità spirituali come l'intelligenza e l'astuzia, che la figura di Ulisse, «eroe dal multiforme ingegno», magistralmente incarna. È solo con i postsocratici che inizia a prendere corpo l'idea che vi sono virtù morali (*aretè ethikè*), idea che è quella ancor oggi prevalente.

Si può comprendere la svolta machiavelliana se si considera che la stagione dell'Umanesimo civile fu breve, troppo breve. L'esperienza della libertà e della repubblica cedette il passo alle signorie, ai principati e alle monarchie assolute, che diedero vita a un'epoca di autoritarismi ben lontani dalla *libertas fiorentina* della prima metà del XV secolo e dal modello di civiltà cittadina. Il politico – inteso come Assoluto – riprende il sopravvento, non solo nelle concrete esperienze dei governi dell'epoca, ma anche nelle nuove teorie politiche che nascono all'aurora della modernità, teorie che affidano al Principe o al Leviatano il compito di ricondurre a unità un civile rivelatosi immaturo nel gestire la dinamica della vita in comune. La virtù civile diventa così virtù politica e, sull'onda della notte del civile, diventa sinonimo di nobiltà, che si eredita per sangue e per casata, che non deve aver nulla a che fare con le vili arti economiche e che viene a coincidere con l'onore.

Niccolò Machiavelli incarna perfettamente la crisi morale e politica del suo tempo (primi decenni del XVI secolo), fondando la politica come ambito autonomo e con basi antropologiche nuove. Le virtù civili si erano mostrate incapaci di creare e mantenere la pace e la coscienza nazionale; c'era bisogno di una nuova giustificazione della possibilità di una convivenza pacifica. Ecco fare la propria comparsa la *virtù politica* (dove *politico* qui è opposto a *civile*). La rivoluzione di Machiavelli si fonda su un'idea di individuo molto distante da quella dei primi umanisti, che vedevano la persona come naturalmente socievole: al cuore della sua teoria politica troviamo infatti un radicale pessimismo antropologico che permea, e spiega, l'intera sua opera:

> Perché degli uomini si può dire questo generalmente: che sieno ingrati, volubili, simulatori e dissimulatori, fuggitori de' pericoli, cupidi di guadagno; e mentre fai loro bene, sono tutti tua, òfferonti el sangue, la roba, la vita, e' figliuoli [...] quando il bisogno è discosto; ma, quando ti si appressa, e' si rivoltano[3].

Se l'essere umano è in realtà questo, allora la base della vita in comune non può essere l'amore reciproco ma deve essere il reciproco *timore*:

E gli uomini hanno meno respetto a offendere uno che si facci amare che uno che si facci temere; perché l'amore è tenuto da uno vinculo di obbligo, il quale, per essere gli uomini tristi, da ogni occasione di propria utilità è rotto; ma il timore è tenuto da una paura di pena che non abbandona mai[4].

Il Principe è dunque colui che grazie alla virtù politica libera i propri sudditi – non più cittadini – dai conflitti distruttivi che l'*animal incivile* scatena se lasciato libero di agire nella città. La rivoluzione machiavelliana è dunque essenzialmente antropologica; è dal suo radicale pessimismo antropologico che discendono le sue ben note tesi di teoria politica, non viceversa[5].

Significativa è anche la sua versione del tema, anche questo classico, del rapporto tra fortuna e virtù: il Cristianesimo in quindici secoli aveva cercato di fondare filosoficamente l'idea che la storia non è affidata al «caso», alla dea bendata, ma alla Provvidenza misericordiosa di Dio. Machiavelli, in netta ed esplicita rottura con l'antropologia ed ecclesiologia cristiane (che, per lui, avevano reso l'uomo incapace di costruire la *città degli uo-*

mini perché troppo preoccupate di quella di Dio), rimette la storia sotto il dominio della fortuna (o del fato), e suggerisce al Principe e all'uomo politico come difendersi, attirando dalla propria parte la fortuna, che non è vinta dalla virtù *civile* degli umanisti, ma da quella *politica* dell'uomo eccezionale. La decostruzione machiavelliana – come dice bene Roberto Gatti[6] – rappresenta un marcato allontanamento dalle prospettive aristotelica e tomistica. Per un verso, la virtù diventa mera tecnica guidata dalla prudenza, quest'ultima intesa come capacità di previsione degli effetti che possono nascere dalle azioni del governante e come abilità nel limitare i colpi imprevedibili della mala sorte. Per l'altro verso, anche quando adopera il tradizionale lessico delle virtù, il cancelliere fiorentino non esita ad affermare e a suggerire che il politico, se vuole conservare il potere, deve essere disposto a sacrificare le virtù, qualora necessario. È l'inizio della ragion di Stato.

È forse a questa posizione che François de La Rochefoucauld farà riferimento, un secolo dopo, scrivendo un'epigrafe alle *Sentenze e massime morali*[7], la sua opera più famosa: «Le nostre virtù, il più delle volte, non sono che vizi travestiti». E più avanti: «L'amor proprio è l'amore di se stessi e di ogni cosa per sé; esso rende gli uomini idolatri di se stessi». Il regno dell'amor proprio ha anche un altro nome: interesse, che «parla ogni sorta di lingua e interpreta ogni sorta di personaggi, anche quello del disinteressato».

La prudenza nella modernità

Con Immanuel Kant, e con il deontologismo in generale, il processo di abbandono della tradizione classica intorno alle virtù è di fatto completato. Nella *Critica della ragion pratica* (1788) non si parla più di virtù, ma di moralità: l'Io è soggetto alla legge del dovere per il dovere. Le virtù non sono più l'espressione delle potenzialità interne alla natura dell'uomo, ma utili mezzi per assicurarsi il perseguimento di determinati scopi. In altro modo, le virtù non identificano pratiche di vita, cioè forme di esistenza legate a tradizioni, contesti, prassi consolidate, quanto piuttosto procedure da seguire in vista di un fine. La domanda fondamentale da porre non è più «cosa è bene essere» – interrogativo al centro dell'etica delle virtù – ma «che cosa è giusto fare», come esige appunto l'etica deontologica. Pur non totalmente espulsa dal lessico morale, la virtù della prudenza finisce così per denotare la mera obbedienza a regole formali. Per Kant, infatti, la virtù si realizza nel distacco della persona dalla propria animalità: un'azione è tanto più virtuosa quanto più riesce a liberarsi della persona. Eppure, regole e procedure sono bensì necessarie, ma queste non si legittimano solo in base al consenso, dato che richiedono il riferimento a un'antropologia che sappia indicare qual è il bene dell'uomo[8]. Comunque sia, la fine delle virtù è proclamata da Montesquieu nel 1748 nel suo *Spirito delle leggi*, dove si apprende che le leggi vanno collocate al di sopra delle virtù. Si impiega bensì questo termine, ma esso si riferisce alla virtù politica e non più alla virtù morale.

Alla luce di quanto precede, non può destare sorpresa il fatto che la prudenza diventi nella modernità un concetto ridondante, di cui si può, anzi è opportuno, sbarazzarsi. A dar manforte a tale tesi è Thomas Hobbes, cui si deve l'opera di definitivo scardinamento della concezione classica di virtù iniziata con

Machiavelli. Per il filosofo inglese – il cui pensiero si forma a metà del XVII secolo in una stagione di guerre di religione e di violenza dei nascenti Stati nazionali – ciò che gli uomini hanno in comune è la loro «uccidibilità», il fatto cioè che chiunque può essere ucciso da chiunque altro. Il conflitto, la competizione, la lotta per sopraffare l'altro e conquistare il potere è la condizione ordinaria degli uomini; pace e concordia sono invece stati temporanei. È dunque la paura, non la prudenza, il fondamento della vita in comune.

Si legge nel *De Cive* (1642): «Noi non cerchiamo i compagni per qualche istinto della natura, ma cerchiamo l'onore e l'utilità che essi ci danno: prima desideriamo il vantaggio, poi i compagni». Non una società civile che nasce dalla dinamica di persone naturalmente socievoli, ma una società-Stato che può esistere solo se un patto artificiale – il contratto sociale – la crea e un Leviatano impersonale la mantiene con la forza. Ma da dove origina un'idea del genere? Dalla circostanza che Hobbes pensa allo stato di natura come popolato da soggetti che vengono al mondo al modo di funghi e che, in quanto tali, non hanno alcuna necessità di formare il proprio carattere e di esercitarsi nella pratica delle virtù. Ancora nel *De Cive* leggiamo: «Consideriamo gli uomini come se fossero venuti su all'improvviso, a guisa di funghi, dalla terra e già adulti, senza alcun obbligo reciproco». Questo è quanto il filosofo inglese deve postulare per salvare il politico: rinunciare al civile e quindi all'etica delle virtù.

Il progetto hobbesiano non avrebbe di certo avuto il successo che in realtà ottenne se Bernard Mandeville non gli avesse portato un decisivo sostegno con la sua celebre *Favola delle api* (1714), il cui sottotitolo racchiude il messaggio centrale dell'autore: «vizi privati, pubblici benefici». La favola narra la storia di un alveare di api egoiste e razionali che, grazie alla loro avidità e alla loro imprudenza, vivono nell'abbondanza e nel benessere. Un certo giorno le api si «convertono», decidendo di diventare altruiste e virtuose: in breve tempo, l'alveare precipita nel caos e nella miseria. Dunque, non solo non è vero che l'uomo è un *animal civile*, portato dalla sua natura alla relazione con gli altri, ma Mandeville ci dice che quand'anche lo fosse, o lo diventasse per la cultura e l'educazione ricevuta, dovrebbe tenere a freno, fino a neutralizzarle, le sue virtù, perché negative per il benessere della società. È il vizio che porta il ben vivere sociale, non la virtù: «Frode, lusso e orgoglio devono vivere, finché ne riceviamo i benefici [...] La semplice virtù non può far vivere le nazioni nello splendore. Chi vuol far tornare l'età dell'oro deve tenersi pronto per le ghiande» (*sic*!). Il restringimento della portata della prudenza al solo interesse proprio, che consegue alla posizione di Hobbes-Mandeville, verrà completato, di lì a poco, con la celebre affermazione di David Hume secondo cui la ragione è schiava delle passioni. La prudenza, da regina delle virtù morali, diventerà così mero buon senso, senso comune.

Una prima indiretta risposta a Mandeville, ma da questi non recepita, è quella di Jonathan Swift. Nel celebre romanzo *I viaggi di Gulliver* (1726) si legge:

> Ma la mancanza di virtù morali può così poco essere compensata dalla superiorità di doti intellettuali, che i pubblici impieghi non debbono affidarsi mai in mani altrettanto pericolose quanto quelle di questi immorali intelligenti. Gli errori che una persona buona [cioè virtuosa] commette per ignoranza non rie-

scono mai così fatali alla cosa pubblica, come i raggiri dell'uomo corrotto e straordinariamente abile a mettere in opera, moltiplicare e difendere le proprie bricconate.

Gli abitanti di Lilliput – l'isola dove fa naufragio il capitano Gulliver – scelgono, infatti, i loro pubblici funzionari tenendo conto *in primis* delle loro qualità morali e solamente *in secundis* delle loro abilità tecniche. Ma col tempo la degenerazione dei costumi e il vizio prendono il sopravvento e la comunità collassa irrimediabilmente nell'anarchia e nella miseria: proprio il contrario di quanto *La favola delle api* aveva pronosticato.

L'Illuminismo italo-scozzese rilancia la prudenza

Un'importante eccezione alla traiettoria culturale rappresentata dalla linea di pensiero Machiavelli-Hobbes-Mandeville è quella degli illuministi italiani (Antonio Genovesi, Ferdinando Galiani, Pietro e Alessandro Verri, Cesare Beccaria) e scozzesi (Adam Smith, Francis Hutcheson, Adam Ferguson). Pur non potendo negare che quella linea di pensiero cogliesse aspetti rilevanti della reale dinamica degli uomini riuniti in società, gli illuministi cercano, riuscendoci, di portare il discorso su un piano superiore. Riescono a mostrare che la società civile è proprio quell'insieme di norme e di istituzioni che fa sì che la natura ambivalente dell'essere umano – la sua «insocievole socievolezza» (Kant) – possa essere orientata al bene comune. Riconoscono anche che nella «grande società», la moderna società commerciale, non si può fare troppo affidamento sulla benevolenza, perché l'uomo «reale» è portato soprattutto a coltivare l'interesse proprio – come appunto sostenevano coloro che essi criticavano. Ma l'interesse personale, entro la vita civile, non è un vizio se visto immediatamente assieme all'interesse degli altri, all'interesse pubblico. «È il grande errore del libro del dr. Mandeville rappresentare tutte le passioni come interamente viziose», dirà Smith nel 1759 nella sua *Teoria dei sentimenti morali*.

Questa riconcettualizzazione dell'agire socioeconomico avviene, non a caso, intorno alla metà del XVIII secolo: si dovette cioè attendere un nuovo periodo di riforme e di pace – si pensi alla Napoli di Vico e Genovesi sotto il riformatore Carlo III di Borbone e poi del primo Ferdinando IV – perché potesse riconoscersi, ed essere credibile, una nuova riflessione sulla vita in comune e sulle virtù. Al centro della nuova riflessione sta l'idea che la ricerca dell'interesse personale può essere resa compatibile con l'interesse degli altri a condizione che essa si svolga nel rispetto dei canoni della prudenza. Su tale punto, decisivo è l'apporto di Genovesi e degli altri studiosi della scuola (napoletana e milanese) di economia civile. Si noti la differenza. All'affermazione di Hobbes secondo cui *homo homini lupus* – da cui il celebre motto *mors tua vita mea* – fa da contrappunto la dichiarazione di Genovesi per la quale *homo homini natura amicus* (l'uomo è per natura amico dell'altro uomo) – da cui *vita tua vita mea*.

Per gli economisti civili, le istituzioni economiche – prima fra tutte il mercato – vanno viste come luogo di civiltà e come mezzo di incivilimento per migliorare il «ben vivere» delle persone. Ciò è possibile se tra la popolazione è diffusa la pratica delle virtù, e della prudenza in particolare, la quale è appunto la capacità delle persone di discernere l'interesse pubblico e di agire in conformità a esso. Nella prudenza è dunque presente un duplice aspetto: informativo e motivazionale. Il ruolo specifico delle istituzioni, sia politiche sia economiche, è allora quello di incoraggiare nella popolazione la diffusione massima possibile delle virtù attraverso l'educazione e soprattutto le opere.

Per quanto vi siano reali differenze tra l'Illuminismo italiano e quello scozzese, occorre rilevare che, sulla questione che qui ci riguarda, la convergenza di posizioni è massima. Anche Smith eredita dalla tradizione dell'etica delle virtù un'antropologia incentrata sulla relazionalità, cioè sull'importanza della dimensione interpersonale. All'individualismo e all'egoismo il filosofo scozzese contrappone la sua visione dell'uomo costruita attorno alle categorie del *fellow-feeling* e della *sympathy*, cioè del bisogno che c'è nella persona umana di immedesimazione con l'altro, di trovare una corrispondenza di sentimenti con il prossimo. L'idea di virtù, infatti, è fin dall'inizio legata al rapporto con gli altri, al mutuo riconoscimento.

«Non è dalla benevolenza del macellaio, del fornaio e del birraio che ci aspettiamo il nostro pranzo ma dalla considerazione del loro interesse; non ci rivolgiamo al loro senso di umanità ma al loro egoismo, e non parliamo loro delle nostre necessità ma dei loro vantaggi», recita la frase più celebre (e non a caso) della storia del pensiero economico di Smith. Se però proviamo a collocare questa frase nel contesto dal quale è tratta scopriamo una realtà affatto sorprendente. Risalendo di qualche riga, ci accorgiamo infatti che egli inizia quel capitolo della *Ricchezza delle nazioni* (1776) parlando della «tendenza a trafficare, barattare e cambiare una cosa con un'altra», che egli considera «uno di quegli originari principi» tipici della natura umana, al punto che «nessuno ha veduto mai un cane fare un vero e deliberato scambio d'un osso per un altro con un altro cane», per questa ragione quando un cagnolino vuole ottenere un osso da un suo pari può solo strappargliello con la forza, o convincere il padrone salterellando e scodinzolando.

La propensione a scambiare con gli altri è dunque per Smith un'espressione della socievolezza della natura umana, che nella società civile si può esprimere nella sua pienezza grazie alla divisione del lavoro, che fa sì che ciascuno abbia un costante bisogno degli altri – non potendo provvedere da solo o con la propria famiglia a tutti i suoi bisogni. Al tempo stesso Smith riconosce che sarebbe più umano e bello poter ottenere i servizi dagli altri grazie all'amicizia o all'amore; ma nella grande società «la durata di tutta la vita ci basta appena a guadagnarci l'amicizia di pochi». Quindi l'amicizia, umanamente superiore e preferibile rispetto allo scambio di mercato, purtroppo non basta, nelle moderne società, per farci ottenere dagli altri tutto quanto ci occorre: la carne dal macellaio, il pane dal fornaio e la birra dal birraio. In una società civilizzata, quindi, l'amore scambievole o l'amicizia – che pur continuano a svolgere una loro specifica ed essenziale funzione nella vita privata – non sono più sufficienti per una vita buona, perché l'assistenza reciproca non può essere assicurata dall'amicizia «solamente». E sebbene Smith affermi che per il funzionamento del mercato non è richiesta la virtù dell'amore, al tempo stesso nella sua *Teoria dei sentimenti morali* ci ricorda che *anche* al mercato occorrono, come elementi essenziali, altre virtù, prima fra tutte la prudenza.

L'esistenza del mercato fa sì che si possa sperimentare una certa assistenza reciproca nei bisogni *anche* in assenza dell'amore (ma *non grazie* all'assenza di amore). Esso ci permette infatti di ottenere pacificamente dagli altri le cose che ci servono anche se non tutti sono nostri amici. Il mercato per Smith è dunque una delle principali espressioni della *civil society*: è società civile. Siamo quindi in piena continuità con la tradizione dell'Umanesimo civile, tradizione che vede il mercato come luogo di progresso civile e umano.

Ma v'è di più. Per Smith, e per gli altri leader dell'Illuminismo scozzese (Hutcheson e Ferguson), l'esistenza del mercato è la condizione necessaria perché si possano sperimentare rapporti umani liberi e disinteressati, e possa fiorire la vera amicizia. Grazie all'esistenza dei mercati è possibile superare la logica alleato/nemico, liberarsi dai rapporti necessari e di status (come nel mondo feudale), e ritrovarsi in una condizione di uguaglianza, senza la quale non c'è amicizia (il mendicante non può essere amico del benefattore). L'esistenza della società commerciale ci consente quindi di poter scegliere le amicizie non per bisogno o per necessità ma liberamente e «per virtù», proprio come pensava Aristotele quando ricordava che prima ancora di essere uno *zôon politikón* (animale politico), l'uomo è uno *zôon oikonomikón* (animale casalingo), la cui indole, nella conduzione dell'*ôikos*, è l'ospitalità generosa, il prendersi cura degli altri. In tutte le sue opere Smith non perde occasione per affermare la propria adesione all'etica delle virtù. È per fugare ogni equivoco interpretativo al riguardo che nel 1789 – anno precedente la sua scomparsa – riscrive la parte VI della sua *Teoria dei sentimenti morali*, avvertendo così il lettore: «Ho inserito una parte VI completamente nuova contenente un sistema pratico di moralità dal titolo *Carattere di virtù*». È in questa nuova parte che troviamo il celebre encomio smithiano del *prudent man*, dell'uomo prudente.

Già alla fine del XVIII secolo il modo italo-scozzese di pensare alle virtù civili subisce una marcata inversione di rotta. La teoria della mano invisibile di Smith viene interpretata, senza fondamento alcuno, a significare che il bene comune può emergere dall'interazione libera di individui le cui motivazioni non includono affatto l'inclinazione al bene comune stesso. Il ruolo che le istituzioni sono allora chiamate a svolgere è quello di surrogare l'assenza delle motivazioni virtuose negli individui. Le istituzioni servono così a economizzare le virtù, come se queste ultime fossero una risorsa scarsa, il cui stock è dato. Come si esprimerà James Madison nel *Federalist Paper* n. 72: «La miglior garanzia per la fedeltà dell'umanità è quella di fare in modo che l'interesse proprio coincida con il dovere». Scriverà nel XX secolo Albert Hirschman che la virtù è come il muscolo: si atrofizza se non la si esercita. Non fu quindi l'anima civile di Smith a informare di sé la cultura economica del XIX secolo e di gran parte del XX. I seguaci di Smith ereditarono la componente meno civile del suo pensiero, costruendo l'economia politica come il regno dei *soli* rapporti strumentali.

Sono molti i passaggi chiave di questa fuga dall'etica delle virtù che si riscontrano nei due secoli sopra indicati. Qui accennerò solo a uno di essi: l'utilitarismo di Jeremy Bentham. Il filosofo inglese parla certamente di felicità, ma per significare piacere, non certo la fioritura umana di cui aveva parlato Aristotele. D'altro canto, la pubblica felicità è null'altro che la somma di piaceri individuali. L'altro pilastro del programma benthamiano è la riduzione della felicità a utilità (da cui *utilitarismo*). Eppure, mentre l'utilità è la proprietà della relazione tra il soggetto e la cosa, la felicità è la proprietà della relazione tra persona e persona. Beni e servizi sono utili se producono «beneficio, vantaggio e piacere». E dunque, mentre si può raggiungere il massimo di utilità anche in perfetta solitudine, non si può essere felici da soli, come già Aristotele aveva lucidamente chiarito.

Il sistema di Bentham, che costituirà l'architettura di tutta la scienza economica *mainstream*, sebbene nato nel solco della tradizione latina – Maupertuis e Beccaria sono state le principali fonti del suo pensiero –, dal tema classico della felicità ha ereditato unicamente l'anima individualistica ed edonista come movente dell'azione. Con Bentham si opera così l'identificazione di felicità con utilità; con il che lo studio delle complesse relazioni intersoggettive esce di scena. Eppure l'utile, in quanto mezzo, ha natura parziale. La felicità, invece, coincide con la realizzazione piena della persona ed è perciò qualcosa di compiuto in sé. L'utile non è un bene in sé, anche se è parte del bene. Dopo il passaggio utilitarista – il cui marchio è ancor oggi ben visibile nel discorso economico – le vestigia dell'antica felicità scompaiono dall'orizzonte dell'economia. Quanto questo passaggio abbia profondamente influito sulla concettualizzazione della prudenza in economia è argomento che affronterò nel prossimo capitolo.

Note

[1] A. MacIntyre, *Dopo la virtù*, Milano, Feltrinelli, 1988.

[2] R. Hariman (a cura di), *Prudence*, University Park, Pa., Pennsylvania State University Press, 2003.

[3] N. Machiavelli, *Il principe*, Milano, Bur, 2005, pp. 152-153.

[4] *Ibidem*, p. 153.

[5] L. Bruni e S. Zamagni, *L'economia civile*, Bologna, Il Mulino, 2015.

[6] R. Gatti, *Ma lo stato deve educare alle virtù?*, in «Dialoghi», 7, n. 4, 2007, pp. 28-37.

[7] F. de La Rochefoucauld, *Sentenze e massime morali*, Torino, Einaudi, 2015.

[8] P. Pagani, *L'eredità di Trasimaco*, in «Dialoghi», 7, n. 3, 2007, pp. 26-35.

I.

Le doti della prudenza

Il lessico della prudenza

La prudenza, proprio perché affonda le radici nella necessità di valutare correttamente la realtà così come si presenta nel suo carattere oggettivo – pur se percepita in forme differenziate dalle singole persone –, consente di cogliere in modo chiaro il significato delle situazioni esistenziali con le rispettive esigenze e di decifrare le opportunità e la congruità delle risposte. Prudente è dunque chi sa vedere le cose come davvero sono, senza preconcetti. E agisce di conseguenza. Manca di prudenza, invece, chi per paura chiude gli occhi di fronte alla realtà. La dote più interessante della prudenza è saper vedere le cose, le situazioni come sono, non come le fa sembrare la paura o come le deforma l'interesse proprio. Il contrario di chi è fanatico e non vuole le sfumature: o tutto o niente. Il contrario cioè di chi ragiona ideologicamente e filtra tutti i colori attraverso la lente delle sue idee preconcette.

Prudente è dunque chi non si fa ingannare dalle apparenze, perché, da umile, sa accettare il consiglio degli altri. Lo insegnava Tobia al figlio congedandolo per un lungo e pericoloso viaggio: «Chiedi parere ad ogni persona che sia saggia [cioè prudente] e non disprezzare alcun buon consiglio» (Tb 4,18). Una seconda preziosa dote della prudenza è saper distinguere tra chi è credibile e merita fiducia e chi invece inganna e illude. Pinocchio non sarebbe stato ingannato dal gatto e dalla volpe se non gli avesse fatto difetto la prudenza. Lo consiglia addirittura il Vangelo: «Siate prudenti come i serpenti, semplici come le colombe» (Mt 10,16). Ecco perché è errato e fuorviante l'adagio secondo cui «la prudenza non è mai troppa». Perché se fosse troppa non sarebbe più prudenza. Una terza bella dote della prudenza è l'arte di riconoscere i tempi, quei tempi di cui parla il saggio Qohelet: «C'è un tempo per piantare e un tempo per sradicare le piante [...] un tempo per tacere e un tempo per parlare» (Qo 3,2; 3,7).

Prudente allora è chi non corre quando è il momento di tirare il freno o frena quando invece torna utile correre[1].

Quanto sopra rende esplicito il senso della celebre definizione di prudenza che ha dato Aristotele: «La *phrónesis* [prudenza] riguarda i beni umani e le cose su cui è possibile deliberare. [...] La prudenza non ha di mira solo gli universali, ma bisogna che conosca anche i particolari, perché essa concerne l'azione e l'azione riguarda le situazioni particolari» (*Etica Nicomachea*, VI, 7, 1141*b* 8, 15). Vediamo di mettere a fuoco gli elementi costitutivi di tale famosa definizione. Secondo Philippa Foot la prudenza consta di due parti[2]. La prima parte è, tutto sommato, agevole da comprendere: il prudente conosce i mezzi per conseguire determinati fini buoni. Gli uomini sanno che vi sono alcuni fini, tipici della condizione umana, che sono buoni: sapere come raggiungerli al meglio è opera di prudenza. Si noti la differenza tra prudenza e intelligenza. Quest'ultima è l'abilità di conseguire qualsiasi fine; la prima, invece, è l'abilità di conseguire solamente fini buoni. Ecco perché si può essere saggi anche senza essere intelligenti o bene informati; e viceversa si può essere intelligenti senza eccellere in saggezza, virtù che è collegata alla volontà. Il prudente, dunque, non solamente conosce come fare le cose buone, ma *vuole* anche farle.

La seconda parte della prudenza chiama in causa i valori ed è quella più difficile da afferrare, perché presuppone la conoscenza di quanto valore il perseguimento di fini specifici realizza. Come decidere se alcuni fini hanno più valore di altri o alcune cose sono più importanti di altre? La risposta non può essere data nei termini dell'ammontare di attenzioni messe in campo o dello sforzo profuso. Ci sono infatti persone che perdono tempo in sciocchezze varie. Il soggetto che difetta di prudenza ha «valori falsi». Vizi o disposizioni come vanità, avarizia, gelosia e altri sono contrari alla prudenza. È per questo che la saggezza, nella sua seconda componente, chiama in causa la costituzione morale del soggetto ed è un tratto caratteristico della sua volontà. La virtù, si rammenti, a differenza di un'arte o di un'abilità, non è mera capacità tecnica: essa chiama sempre in causa la volontà. È per questo che le virtù sono correttive. Ad esempio, la speranza è una virtù perché la disperazione è una tentazione.

Cosa corregge la prudenza? Qual è la principale tentazione dalla quale la prudenza protegge? La tentazione di prendere una decisione senza prima deliberare. La prudenza, infatti, è virtù deliberativa per eccellenza e si rivolge non ai fini in quanto tali, ma ai mezzi relativamente ai fini. La deliberazione, in quanto discorso volto alla decisione, riguarda le cose che sono in nostro potere. Non deliberiamo mai – diceva Aristotele – sulla luna o sul sole! La deliberazione è il metodo per cercare la verità pratica ed è pertanto incompatibile con lo scetticismo morale. Ebbene, il problema che la prudenza è chiamata a risolvere è quello di suggerire nel concreto come realizzare il bene. Ciò però non ne fa una pratica strumentale – come è invece la tecnica – poiché nella ragion pratica non è possibile separare i mezzi dai fini, dato che l'azione è essa stessa il fine.

A differenza della ragion tecnica, che si occupa del solo rapporto mezzi-fini dati, cioè della sola procedura, la ragion pratica riguarda il rapporto tra universale e particolare. La prudenza – lo dice con chiarezza Lucio Cortella[3] – deve avere conoscenza di entrambi, anche se la sua prestazione specifica consiste nel deliberare intorno al bene particolare. Per questo Aristotele la definisce virtù «architettonica», perché dirige ogni altro tipo di azione. Essa impara a deliberare perché presuppone l'abitudine a fare il bene, cioè la disposizione del nostro carattere al bene. È in forza di ciò che non è possibile essere prudenti, secondo la tradizione di pensiero classica, senza essere buoni. Ed è ancora per questo motivo che non si può dissipare la prudenza, né dimenticarla. Mentre un sapere teoretico – si pensi alla matematica – può essere appreso velocemente e altrettanto velocemente dimenticato, la capacità di deliberare, una volta acquisita, non può più essere perduta. Si capisce allora perché la prudenza sia la virtù maggiormente richiesta al decisore sia in politica sia in economia.

La svolta della rivoluzione marginalista

Come il *mainstream* economico del XIX e del XX secolo ha interpretato il senso e il ruolo della prudenza all'interno del pensiero economico? Perché il paradigma economico che si è affermato a partire dalla rivoluzione marginalista degli anni Settanta del XIX secolo ha ridotto la prudenza a mera tecnica di cui servirsi per massimizzare l'utilità? Insomma, perché mai il pensiero economico «ufficiale» ha eliminato dal proprio lessico il termine *prudenza*, salvo impiegarlo, di quando in quando, in espressioni fuorvianti o banali del tipo: «essere prudenti significa essere avversi al rischio», «pensare unicamente all'interesse proprio», «procurare di non arrecare fastidio ad altri» e simili? Per rispondere, è necessario dedicare un attimo di attenzione alle colonne portanti dell'edificio teorico neoclassico, quelle che hanno diretta attinenza con gli interrogativi ora posti. Occorre comunque ammettere che gli autori marginalisti sono stati così bravi nel proporre la loro idea di prudenza che ancor oggi, nell'opinione pubblica, l'agire prudenziale viene spesso identificato con quell'agire che serve all'interesse individuale[4].

Negli anni Settanta del XIX secolo uscirono tre libri importanti: *La teoria dell'economia politica* (1871) dell'inglese William S. Jevons, *I principi di economia politica* (1871) dell'austriaco Carl Menger e gli *Elementi di economia politica pura* (1874-1877) del francese Léon Walras; tre lavori che segnarono l'inizio di quella che di lì a poco sarebbe stata chiamata «rivoluzione marginalista». I tre libri sono diversi tra loro, ma hanno parecchie cose fondamentali in comune, la più rilevante delle quali è un nuovo modo di fare scienza economica – nuovo rispetto al sistema classico di Smith, Ricardo, Mill e prima ancora di Genovesi, Galiani, Verri. Ma vediamo gli elementi centrali del nuovo quadro, quelli che permettono di parlare di sistema teorico neoclassico.

Un primo elemento riguarda lo spostamento di interesse dal fenomeno dello sviluppo economico, il grande tema delle elaborazioni degli economisti classici, al problema dell'allocazione di risorse *date* fra usi alternativi. Nell'analisi delle condizioni che assicurano l'allocazione ottimale delle risorse, il pensiero neoclassico individua un principio di validità generale in grado, da solo, di abbracciare l'intera realtà economica. Per dirlo con le parole di Lionel Robbins, l'economista della London School of Economics negli anni Trenta:

> Sul lato analitico l'economia dimostra di essere una serie di deduzioni dal concetto fondamen-

> tale di scarsità di tempo e di materiali. [...] Qui, allora, è l'unità dell'oggetto della scienza economica, le forme assunte dal comportamento umano nel disporre di mezzi scarsi[5].

(Si badi che questa è ancor oggi la definizione del problema economico che viene data nella maggior parte dei libri di testo.)

Un'altra caratteristica, che resterà un pilastro di tutti gli sviluppi successivi, è l'accettazione del principio benthamiano di utilità come base di tutto il discorso economico. I tre autori succitati, però, accreditano una speciale versione della filosofia utilitarista, quella per cui il comportamento umano è totalmente riducibile al calcolo razionale teso alla massimizzazione di una funzione di utilità sotto vincoli (siano essi di natura economica oppure morale). A tale principio viene riconosciuta validità universale; da solo, esso avrebbe consentito di comprendere l'intera realtà economica. Dirà poi il celebre Paul Samuelson: «Vi è un principio semplice al cuore di ogni problema economico: una funzione matematica da massimizzare sotto vincoli».

Chiaramente, un'affermazione del genere ha senso solamente se si è disposti ad accettare una teoria soggettivista del valore, secondo cui tutti i valori sono individuali e soggettivi. *Individuali* significa che vanno intesi sempre come fini di particolari individui. Non esistono cioè valori esprimibili come fini di gruppi sociali in quanto tali. Per questo, l'individualismo non può riconoscere alcun valore alla categoria di bene comune. D'altro canto, i valori sono *soggettivi*, a significare che devono discendere da un processo di scelta: un oggetto ha valore se è desiderato almeno da qualcuno. L'elemento della soggettività indica che un valore è tale perché qualcuno lo sceglie in quanto fine; l'elemento dell'individualità postula invece che deve esserci almeno un soggetto cui imputare quel fine. Quanto a dire che non esistono valori indipendentemente dalle scelte, almeno virtuali, dell'individuo. È questo il nucleo duro della nozione di *homo oeconomicus*.

Un terzo elemento distintivo riguarda il metodo di analisi neoclassico, il quale è basato sul principio di sostituzione. Nella teoria del consumo si deve assumere sostituibilità tra un paniere di beni e un altro; nella teoria della produzione, sostituibilità tra una combinazione di input e un'altra. Ciò per la semplice ragione che, se l'obiettivo è quello di identificare le condizioni per giungere a scegliere l'alternativa ottimale, occorre che vi sia più di un'alternativa in gioco e soprattutto che le scelte effettuate siano reversibili, cioè virtuali.

Infine, di un'ultima caratteristica del sistema neoclassico occorre dire: l'astoricità delle leggi economiche. Assimilata l'economia alle scienze naturali, e alla fisica in particolare, le leggi economiche vengono ad assumere quel carattere assoluto e oggettivo che si attribuisce alle leggi di natura. Tuttavia, affinché ciò abbia senso è necessario eliminare dal dominio di studio della disciplina le relazioni sociali, perché queste sono *history-dependent*. Con la rivoluzione marginalista nasce così quel progetto riduzionista del discorso economico che contraddistinguerà tutto il pensiero neoclassico successivo, un progetto in forza del quale l'economia non può che occuparsi delle sole relazioni tecniche – le relazioni tra uomo e natura, cioè tra uomo e cose. Il riduzionismo antistorico porta così all'eliminazione dall'agenda di studio dell'economista delle relazioni sociali, delle relazioni cioè tra uomo e uomo.

Invero, l'identità del soggetto pone dei limiti alle sue possibilità di scelta. Non c'è solo il vincolo di bilancio, cioè la disponibilità di risorse, a limitare le scelte del soggetto; c'è anche il vincolo identitario. Se la scelta non implica impegni vincolanti, perché tutto può essere cancellato o revocato non appena si offrono opportunità più vantaggiose, allora anche le identità possono esserlo. Ma un'identità che può essere cancellata o revocata non è più tale. La *prudentia* ci ricorda che le teorie economiche sul comportamento dell'uomo sempre mutano, tanto o poco, quest'ultimo. Non sono cioè strumenti neutrali di conoscenza, come il positivismo aveva sostenuto. È un fisico a ricordarcelo con rara incisività:

> I moti planetari conservano una sublime indifferenza rispetto alle nostre astronomie terrestri. Ma il comportamento dell'uomo non presenta una pari indifferenza rispetto alle teorie sul comportamento adottate dall'uomo[6].

L'oblio della prudenza nel «mainstream» economico

Alla luce di quanto precede è agevole comprendere perché entro un tale sistema di pensiero non vi sia posto per la virtù della prudenza. Come abbiano visto, la prudenza è virtù che si manifesta nell'ambito di una pratica, di un'attività. Non dunque nella pura interiorità o nella contemplazione, perché ci vuole esercizio e il metodo di sostituzione non consente certo di farlo. Del pari, se si ritiene che gli interessi e l'utilità individuali siano il vero e unico motore dell'azione umana è ovvio che non abbia senso parlare di prudenza come virtù che va alla ricerca del bene nelle varie situazioni concrete. L'utilitarismo filosofico è irrealista e perciò utopistico. La gratuità, infatti, viene prima e non dopo l'utilità. È perché c'è la gratuità che l'utilità può svolgere il ruolo che il paradigma neoclassico le assegna.

A questo riguardo, è interessante riportare la risposta che il grande matematico francese Jules-Henri Poincaré diede a Léon Walras, che gli aveva inviato in lettura la bozza della sua opera per riceverne un giudizio: «Tu assumi che le persone abbiano previsione perfetta degli accadimenti futuri e che siano perfettamente autointeressate. L'ipotesi di previsione perfetta è un errore; quella di interesse proprio peggio: è una calunnia!». Il punto è che il paradigma neoclassico non è capace di cogliere il significato proprio di un concetto come quello di virtù, concetto che nasce in un contesto filosofico molto distante da quello che ha dato vita alla scienza economica contemporanea. La virtù non è una faccenda di preferenze o di gusti, né tanto meno di utilità. È un tratto del carattere, un *habitus* da coltivare nel tempo e che una volta acquisito produce frutti di eccellenza. I classici dell'economia sapevano molto bene che senza virtù – senza prudenza, in particolare – il mercato non nasce o se anche nasce non può funzionare bene e a lungo.

Ancora. Se quello economico viene ridotto al problema di come allocare nel modo migliore possibile, date le conoscenze disponibili, le risorse scarse, è ovvio che non vi sia bisogno della prudenza: l'abilità tecnica, la *téchne*, è tutto quanto si richiede per sciogliere il dubbio che sempre accompagna una situazione di scelta. Si sa, infatti, che ovunque ci sia una decisione da prendere nasce un dubbio, e il dubbio può «pietrificare». Ciò è adombrato nel mito della testa di Medusa che occorre tagliare («decidere») perché non paralizzi. L'intelligenza può risultare paralizzata da più possibilità equivalenti, come il noto apologo dell'asino di Buridano illustra. La storia – attribuita a Jean Buridan, filosofo francese degli inizi del XIV secolo – narra di un asino che si lasciò morire di fame nella stalla perché non seppe decidere da quale dei due mucchi equivalenti di fieno iniziare a mangiare. In verità, Dante già ne aveva parlato nella sua *Commedia*: «Intra due cibi, distanti e moventi / d'un modo, prima si morria di fame, / che liber'omo l'un recasse ai denti» (*Paradiso*, IV, 1-3).

Più tardi Leibniz confuterà la pensabilità di una situazione del genere, osservando che mai può esserci indifferenza tra un'opzione e l'altra, se non per la mancanza di conoscenza di tutti i particolari della situazione di scelta. Ora, finché l'indecisione riguarda i mezzi, rimane a un livello per così dire cognitivo, l'intelligenza è sufficiente a persuadere dell'opposto, a sbloccare la paralisi con l'aiuto dell'esperienza. Altro, però, il caso quando l'intelligenza generalizza le domande e le porta, al di là dei mezzi, sui fini stessi dell'agire. In casi del genere un aumento di intelligenza, non solo non è più un rimedio sicuro alla paralisi, ma può contribuire ad aggravarla.

Caso emblematico, la tragedia di Amleto. Amleto non sarebbe in imbarazzo sui mezzi, se non si ponesse, in realtà, il problema del fine: perché uccidere lo zio. Su questo piano, l'intelligenza, lungi dal permetterci di scegliere tra le varie soluzioni («essere o non essere») quella migliore, risulta paralizzante, perché ci fa capire che non abbiamo una ragione ultima per decidere e che, se pretendiamo di darci una ragione anche delle ragioni, retrocediamo all'infinito. In casi del genere, abituarsi a decidere «con intelligenza» non solo non basta, ma può essere perfino controproducente, spingendoci a domandarci all'infinito il perché del perché.

Per ammettere, dunque, con Leibniz che ci sia sempre una «ragion sufficiente» per decidere in un senso piuttosto che nell'altro, occorre avere un criterio per interrompere la catena delle domande a un certo punto. Grazie a esso, non avremo più bisogno di conoscere la ragione della ragione, all'infinito. Ebbene, la prudenza offre un tale criterio. Il prudente sa che l'azione umana ha un valore intrinseco e non solo strumentale, come invece statuisce il modello della scelta razionale, vera e propria pietra d'angolo dell'edificio teorico neoclassico. In una delle sue plurime descrizioni del comportamento prudente, il non credente Aristotele scrive:

> Non bisogna seguire coloro che consigliano all'uomo, perché l'uomo è mortale, di badare solo a cose umane e mortali. Al contrario, bisogna comportarsi da immortali e vivere secondo la parte più nobile che è in noi: la quale, sebbene per massa sia piccola, per potenza e valore è ben superiore a tutte le altre. [...] Per l'uomo questa è la vita secondo intelletto (*Etica Nicomachea*, X, 7, 1177*b*, 33, 1178*a*, 7).

È più facile o più difficile, oggi, raggiungere i fini che ci si dà? Il fenomeno storico che si dice *progresso tecnico-scientifico* consiste in una capacità accresciuta di trovare i mezzi atti a raggiungere scopi di ogni genere. Ma se il problema dei mezzi si presenta oggi ben più favorevolmente di un tempo, lo stesso non può dirsi con riguardo al problema dei fini. Problema che può formularsi così: «cosa è *bene* che io voglia», e non semplicemente: «cosa devo fare per ottenere ciò che voglio». Di fronte all'afflizione rappresentata dalla necessità di scegliersi i fini (e non soltanto i mezzi), l'uomo di oggi avverte l'esigenza di tornare a fare i conti con la prudenza. Di fronte al potenziarsi della catena dei mezzi, l'uomo non sembra trovare altra via che lasciarsene asservire o ribellarsi. Non era così quando la catena dei mezzi era meno potente. Allora si poteva supporre che ci mancassero i mezzi per ciò che desideravamo e la speranza era di poterli ottenere, prima o poi. Continuare a crederlo oggi sarebbe, oltre che un errore, un'ingiustificabile ingenuità. Se lasciar cadere la ricerca dei mezzi sarebbe stolto, anche continuare a dirigere la speranza su di essi mostrerebbe che non si è imparata la lezione[7].

Si noti la differenza: il sapiente trasmette un sapere; il saggio (*phrónimos*) trasmette anche un senso, una direzione. Il sapiente suggerisce regole di comportamento; il saggio indica una verità. In altro modo, la prudenza è capace di esercitare bene la parte conoscitiva della ragione, ma con uno scopo pratico, quello di individuare in che cosa consiste il bene dell'uomo, al fine di realizzarlo mediante le opere. Quello economico è essenzialmente il processo che emerge quando le persone devono negoziare una pluralità di beni, quando vi è contrasto fra fini diversi tra loro. Contrariamente a quel che si pensa, l'economia inizia non dalla scarsità, ma dall'abbondanza. Nell'Eden non c'era affatto scarsità; c'era abbondanza di ogni risorsa. Eppure, Adamo ed Eva avevano comunque un problema di scelta da affrontare: quale fine scegliere. (La politica è un processo che viene dopo: quando, in seguito alla cacciata, Caino uccide Abele, a Caino viene comandato di fondare la prima *pólis*.)

Prima di lasciare l'argomento qui toccato, una domanda che sorge spontanea merita una risposta, sia pure fugace. Qual è l'origine della svolta in senso riduzionista in economia, una svolta che, per oltre un secolo, ha allontanato dall'orizzonte del pensiero economico l'idea di virtù? La risposta va rintracciata nell'affermazione piena nella disciplina, a far tempo dalla seconda metà del XIX secolo, della tesi della grande separazione. Si tratta di questo. Nell'ottobre del 1829, Richard Whately, allora influente cattedratico di economia a Oxford, pronuncia un discorso, nell'occasione dell'apertura dell'anno accademico, nel corso del quale argomenta che se l'economia vuole aspirare a diventare una scienza rigorosa e socialmente rispettata, essa deve separarsi sia dalla sfera dell'etica sia da quella della politica. Donde la ben nota divisione di compiti: la politica è il regno dei fini che la società intende perseguire; l'etica è il regno dei valori che devono guidare i comportamenti individuali e collettivi; l'economia è il regno dei mezzi, dove si ricercano i mezzi migliori per conseguire i fini che la politica sceglie nel rispetto dei vincoli che l'etica pone. È questo il senso, e il contenuto, del principio del Noma (*Non-overlapping magisteria*: magisteri che non si sovrappongono) – espressione che diverrà popolare in seguito al contributo scientifico del celebre paleontologo Stephen Jay Gould[8].

Nonostante le non poche resistenze iniziali – particolarmente decisa fu quella di John Henry Newman, leader del «movimento di Oxford» –, il successo della rivoluzione marginalista finì col decretare il pieno accoglimento, entro il sistema teorico neoclassico, della tesi della grande separazione. Se l'economia ha da essere scienza dei mezzi – cioè economia pura e non politica – non v'è alcuna necessità che essa tenga in conto o si confronti con l'etica, in generale, e con l'etica delle virtù, in particolare. Una scienza dei mezzi si occupa di fatti, non di valori; di comportamenti osservabili, non di intenzioni; di razionalità, non di ragionevolezza; di motivazioni estrinseche, non di motivazioni intrinseche che non sono osservabili. Si è così cominciato a pensare che il rigore scientifico dovesse postulare l'avalutatività e che una ricerca, per dirsi oggettiva e universale, dovesse liberarsi di ogni riferimento al lessico delle virtù. Tutto ciò ha finito col far credere che quello dell'*homo oeconomicus* fosse un assunto naturale che, in quanto tale, non avrebbe avuto bisogno di giustificazione alcuna. A che serve, allora, parlare di prudenza? A null'altro che a introdurre nel ragionamento fastidiose fumisterie metafisiche, capaci solo di mettere a repentaglio l'oggettività e l'universalità dei suoi enunciati. Vale a dire, è del tutto pleonastico, anzi fuorviante, sostenere che l'*homo oeconomicus* debba esibire un comportamento prudenziale.

Ha scritto Vilfredo Pareto:

> Il corpo concreto comprende il corpo chimico, il corpo meccanico, il corpo geometrico, ecc.; l'uomo reale comprende l'*homo oeconomicus*, l'*homo ethicus*, l'*homo religiosus*, ecc. In fondo, quel considerare vari corpi, vari uomini, non è altro che considerare le varie proprietà del corpo reale, dell'uomo reale, e mira solo a tagliare in fette la materia da studiare[9].

L'assunto implicito che sorregge l'argomento paretiano è quello di additività: le motivazioni estrinseche dell'azione – quelle che sono espressione delle passioni acquisitive – si sommano, rafforzandole, alle motivazioni intrinseche – quelle che hanno natura non strumentale e che sono espressione della costituzione morale del soggetto. È grazie a tale mossa che il *mainstream* economico ha potuto prescindere dalle motivazioni intrinseche, delegandone lo studio alla filosofia o alla psicologia. Ebbene, è la presa d'atto della realtà dei fenomeni di *crowding out* (spiazzamento) e di *crowding in* (rafforzamento includente) tra i due tipi di motivazione a rendere inaccettabile l'assunto di additività.

C'è forse stato un guadagno per la disciplina dall'aver lasciato in disparte, o meglio cancellato, il discorso sulla prudenza? Il prossimo capitolo si occuperà di offrire una risposta.

Note

[1] L. Monari, *L'arte di saper pensare*, in U. Sartorio (a cura di), *Orizzonte virtù*, Padova, Messaggero, 2008.

[2] P. Foot, *La natura del bene*, Bologna, Il Mulino, 2007.

[3] L. Cortella, *Prudenza*, in *Enciclopedia filosofica*, vol. 9, Milano, Bompiani, 2006, pp. 9091-9093.

[4] D. McCloskey, *The Bourgeois Virtues*, Chicago, Ill., The University of Chicago Press, 2006.

[5] L. Robbins, *Saggio sulla natura e l'importanza della scienza economica*, Torino, Utet, 1947, p. 15.

[6] L. Eisenberg, *The «human» nature of human nature*, in «Science», 176, n. 4031, 1972, pp. 123-128, p. 128.

[7] V. Mathieu, *Vivere la speranza. Dare speranza*, Roma, Fondazione Nova Spes, 1985.

[8] S.J. Gould, *Non-overlapping Magisteria*, in «Natural History», 106, 1997, pp. 16-22.

[9] V. Pareto, *Manuale di economia politica*, Pordenone, Studio Tesi, 1994, p. 15.

II.

Quando in economia ci si dimentica della prudenza

La prudenza e il suo vizio antagonista: l'avidità

Cosa accade quando nella pratica dell'attività economica si prescinde, o ci si dimentica, della prudenza? Proviamo a vedere alcune situazioni esemplari, cominciando dalla crisi finanziaria del 2007-2008, nata negli Stati Uniti e poi diffusasi per contagio in Europa.

Sappiamo che due sono i tipi di crisi sistemiche: dialettica l'una, entropica l'altra. Dialettica è la crisi che trae origine da un conflitto fondamentale che la società non riesce a risolvere in via istituzionale, ma che contiene, al suo interno, le forze sufficienti per uscirne – anche se l'uscita dalla crisi non sempre rappresenta un progresso rispetto alla situazione precedente. Esempi notevoli di crisi dialettica sono quelli della Rivoluzione americana, della Rivoluzione francese, della

Rivoluzione d'ottobre in Russia, della grande crisi del 1929. Entropica, invece, è la crisi che tende a far collassare il sistema per implosione, senza riuscire a modificarlo dal proprio interno. Questo accade ogni qualvolta la società perde il senso, cioè la direzione del suo incedere. Anche di tale tipo di crisi la storia ci offre esempi notevoli: la caduta dell'Impero romano; il passaggio dal feudalismo alla modernità; il crollo del sistema sovietico; la crisi finanziaria del 2007-2008.

Perché è importante tenere distinti i due tipi di crisi? Perché sono diverse le cause che le generano e quindi diverse sono le strategie per uscirne. Non si esce da una crisi entropica con provvedimenti di natura tecnica e regolamentare, che pure sono necessari per porre rimedio ai disastri provocati dagli errori commessi, compresi gli errori di conoscenza. Occorre, infatti, affrontare la questione del senso, che nel caso presente chiama in causa il fondamento antropologico del comportamento economico. L'aver preso come qualcosa di incontrovertibile l'ipotesi dell'*homo oeconomicus*, cioè di un soggetto mosso all'azione esclusivamente da motivazioni di tipo egocentrico, ha fatto sì che la teoria della finanza finisse con l'incidere profondamente sul *mindset* delle persone avallando, anzi nobilitando, l'avidità come risposta strumentalmente razionale alle opportunità che i mercati finanziari sono in grado di offrire. La prudenza, virtù che da sempre aveva rappresentato la bussola nelle decisioni in ambito soprattutto finanziario, è così stata derubricata a irrazionale mancanza di spirito imprenditoriale.

Eppure, l'avidità – il più «economico» dei sette vizi capitali – rappresenta un classico caso di fallimento della ragione. Poiché difetta di saggezza, l'avido non sa indirizzare la sua passione dell'avere; non sa cioè indicare a tale passione – di per sé fisiologica – i beni che è ragionevole appetire. L'avido accumula, accaparra ricchezza senza conoscerne il fine. L'assenza nel pensiero economico *mainstream* di una teoria delle motivazioni ad agire razionalmente – quali motivi abbiamo per fare ciò che riconosciamo che sarebbe bene fare – è ciò che spiega l'incapacità a comprendere il fenomeno dell'avidità e a farvi fronte. Perché l'avido continua ad accumulare insaziabilmente pur sapendo che il potere che la ricchezza gli conferisce mai potrà essere realizzato? Perché non è prudente; perché conosce le ragioni per fare quello che l'*homo oeconomicus* sa di dover fare, ma non conosce i motivi per fare ciò che è bene che faccia.

Qual è la natura profonda dell'avidità? Esiste nell'essere umano un sentimento che spinge alla ricerca appassionata di ciò che si confà alle sue esigenze, che ha il nome di *desiderio*. Il desiderio umano, quando non è deviato, si volge alle cose come a dei beni che lo appaghino. Ma può sbagliare mira. Perché alcuni dei beni cui esso si volge sono beni apparenti, cioè mali: beni che sembrano soddisfarlo, ma che in realtà lo piegano verso il disordine e lo spingono verso l'infelicità. Il desiderio è in sé l'energia della vita, ma si possono desiderare cose che fanno fiorire e cose che ci fanno appassire. Ebbene, l'avidità è un desiderio che fa appassire. È il deragliamento del desiderio che cresce su se stesso. Sappiamo perché. I beni diventano beni, cioè cose buone, quando sono messi in comune. I beni non condivisi sono sempre vie di infelicità, persino in un mondo opulento. Il denaro tenuto stretto, come geloso possesso, in realtà impoverisce il suo possessore, perché lo spoglia della capacità di dono. L'avido, per definizione, non riesce a donare e dunque non può essere felice. Può fare donazioni, cioè regali, può perfino impegnarsi in pratiche filantropiche se ciò gli serve, strumentalmente, ad accrescere il suo possesso.

Comprendiamo così il significato profondo dell'enunciato di Eraclito – «ciò che il desiderio vuole, lo compra a prezzo dell'anima» – che bene interpreta la condizione esistenziale dell'avido, il quale «vende» l'anima per «comprarsi» il desiderio di accumulare senza limite in modo ripetitivo e ossessivo, indipendentemente dal valore reale di ciò che raccoglie. La persona prudente sa che, senza pratiche estese di dono, mai si potranno realizzare le condizioni per una vita felice, mai si riuscirà a risolvere quel «disagio di civiltà» di cui parla Sigmund Freud nel suo famoso saggio. Due infatti sono le categorie di beni di cui ognuno avverte la necessità: i beni di giustizia e i beni di gratuità. I primi – si pensi ai beni erogati dal *welfare state* – fissano un preciso *dovere* in capo a un soggetto – tipicamente l'ente pubblico – affinché i diritti dei cittadini su quei beni vengano soddisfatti. I beni di gratuità – sono tali i beni relazionali –, invece, fissano un'*obbligazione* che discende dal legame che ci unisce l'un l'altro. È il riconoscimento di una mutua *ligatio* tra persone a fondare l'*ob-ligatio*. E dunque mentre per difendere un diritto si può, e si deve, ricorrere alla legge, si adempie a un'obbligazione per via di gratuità reciprocante. Mai nessuna legge potrà imporre ai cittadini di praticare la reciprocità e mai nessun incentivo economico potrà favorire comportamenti gratuiti. Eppure non v'è chi non veda quanto i beni di gratuità siano importanti per il bisogno di felicità che ciascun uomo si porta dentro.

Anche l'avido lo sa, ma non riesce a ottenerli, perché, rifiutandosi di legarsi all'altro, non riesce a tradurre in pratica il messaggio della regola d'oro: «ama ogni altro come te stesso». L'avido, infatti, non ama se stesso, ma solamente «la roba» che accumula. Tanto meno può amare allora gli altri, nei confronti dei quali può solo limitarsi ad applicare la regola di rame: «fai all'altro ciò che l'altro fa a te». Come l'altro tratta l'avido? Da avido, e così il cerchio si chiude dilatandosi sempre più. Secondo la celebre espressione di Søren Kierkegaard, la porta della felicità si apre verso l'esterno, sicché può essere dischiusa solo andando «fuori di sé». Il che è proprio quanto l'avido, che manca di prudenza, non riesce a fare.

È evidente che alla base dell'attuale crisi europea non vi è solo la perversa cultura dell'avidità. Vi sono cause profonde di natura politica e istituzionale, oltre che finanziaria. C'è tuttavia un punto che balza immediatamente all'occhio e che illustra, *ad abundantiam*, a quali disastri sociali una società va incontro quando perde il contatto con la virtù della prudenza. Penso alle politiche di austerità che l'Europa pervicacemente si ostina a praticare come via d'uscita dalla crisi. Prive di serio fondamento scientifico e ispirate a una precisa ideologia – quella dell'*ordoliberalismus* –, queste politiche rischiano di uccidere il malato o comunque di prolungarne inutilmente la malattia, disseminando ingiuste sofferenze e ingrossando le fila dei *surplus people*, cioè degli esclusi e degli emarginati. Un bell'esempio di ragionamento prudenziale invece ci viene da John Maynard Keynes, quando all'epoca della prima grande crisi dell'economia capitalistica scrisse:

> Si tratta solo di un meccanismo inceppato. Ma se abbiamo la batteria che non funziona, non

è il caso di pensare per questo che l'automobile ha fatto il suo tempo e che bisogna tornare al tram a cavalli. Abbiamo solo la batteria che non funziona.

Sappiamo cosa Keynes propose di fare per far ripartire la macchina; e ci riuscì. Sembra oggi tornata d'attualità l'icastica affermazione di John Ruskin – un classico della scienza sociale:

> In una crisi severa, mentre in ballo ci sono tante vite e molte ricchezze, gli economisti non sono di alcun aiuto – ridotti praticamente al silenzio: non sanno dare alcuna soluzione scientifica alle difficoltà, nulla che possa convincere o calmare le parti che si oppongono tra loro[1].

Razionalità e ragionevolezza

Che dire, alla luce del caso ora esaminato, della relazione tra razionalità e prudenza? I miti di Ulisse e di Orfeo – di cui do qui una libera interpretazione – ci aiutano a illustrare le caratteristiche di due modi diversi di essere razionali. L'eroe greco desidera, in modo spasmodico, ascoltare il canto delle sirene, ma conosce il rischio mortale cui potrebbe andare incontro. È a conoscenza, cioè, della punizione che gli dei avevano inflitto alle sirene per il loro comportamento. Consigliato dalla maga Circe, si fa allora legare all'albero maestro della nave e ordina ai suoi marinai di introdurre nelle orecchie tappi di cera per non essere tentati da quel canto irresistibile. Ulisse agisce dunque in modo strumentalmente razionale: ha un fine da raggiungere e sceglie la via che reputa più efficace per conseguirlo. Ma qual è il «prezzo» che paga per questa sua razionalità? Duplice. Per un verso, la rinuncia, sia pure temporanea, alla libertà: quando si è legati non c'è libertà di movimento. Per l'altro verso, l'iniquità nei confronti dei suoi marinai, ai quali non viene consentito di trarre alcun beneficio da quel canto celestiale.

Volgiamo ora l'attenzione all'altro mito. Giasone, in compagnia dei suoi Argonauti, sceglie di andare alla ricerca del vello d'oro. Dopo qualche esitazione, decide di imbarcare sulla nave Orfeo, persona di gracile costituzione fisica, ma molto bravo a suonare la lira. Giasone riesce a vincere la resistenza dei suoi marinai, che non comprendevano quale contributo Orfeo avrebbe mai potuto dare alla riuscita della missione. Quando la nave degli Argonauti giunge in prossimità dell'isola delle sirene, Orfeo estrae la sua lira e inizia a suonare. Accade così che quel suono, accoppiandosi al canto delle sirene, ne annulla l'effetto perverso. Tutti possono così trarre beneficio da quel canto senza rinunciare alla libertà e senza commettere ingiustizia alcuna.

Quale forma di razionalità è superiore e dunque da preferire: quella di Ulisse o quella di Orfeo? La risposta è scontata: Orfeo riesce a far stare insieme efficienza, libertà e giustizia; Ulisse invece non va oltre l'efficienza. E perché Orfeo ci riesce? Perché non separa, come fa Ulisse, razionalità e ragionevolezza; è, cioè, prudente. Ha scritto il filosofo della scienza Georg Henrik von Wright:

> I giudizi di ragionevolezza [i giudizi prudenziali] sono orientati verso il valore; essi vertono [...] su ciò che si ritiene buono o cattivo per l'uomo. Ciò che è ragionevole è senza dubbio anche razionale, ma ciò che è meramente razionale non è sempre ragionevole.

La ragionevolezza, infatti, è la razionalità che rende la ragione ragione dell'uomo, e per l'uomo; perché tale essa è espressione di saggezza, di prudenza e non solamente di abilità intellettuale. Orfeo consegue un risultato migliore rispetto a quello di Ulisse perché mette in opera il principio di reciprocità, principio che non va confuso con quello dello scambio di equivalenti (di valore).

Un chiarimento è forse opportuno. Mentre nella relazione di scambio la determinazione del rapporto di scambio (il prezzo di mercato) precede il trasferimento dell'oggetto scambiato – solamente dopo che compratore e venditore si sono accordati sul prezzo della cosa oggetto di transazione lo scambio può avere luogo –, nella relazione di reciprocità la prestazione precede, in senso logico, la controprestazione, nei confronti della quale il soggetto che «muove per primo» non può vantare un diritto, ma solo un'aspettativa. Non si può, infatti, costringere a essere grati; lo si può però desiderare. Ciò significa che mentre il *primum movens* dello scambio è il perseguimento di un interesse – ad esempio, massimizzare la propria funzione di utilità –, la reciprocità inizia sempre da un atto di gratuità. Orfeo offre alle sirene la sua musica con l'atteggiamento di chi vuol fare un dono, non di chi vuol siglare un contratto. È per questo che quella di reciprocità è una relazione fragile, proprio come la nozione di fragilità del bene di cui parla Martha Nussbaum lascia intendere: chi dà inizio a una relazione di reciprocità corre sempre il rischio di imbattersi in un opportunista che riceve e non contraccambia.

Ma v'è di più. La pratica della reciprocità tende, col tempo, a modificare endogenamente la struttura delle preferenze dei soggetti coinvolti nella relazione e, di conseguenza, influisce sulle loro scelte. Se mi trovo ad aver bisogno di un altro in circostanze nelle quali non posso credibilmente vincolarmi a impegnarmi per il futuro, un soggetto strumentalmente razionale, pur essendo in grado di aiutarmi, non lo farà se, sapendo che anch'io sono un individuo autointeressato, congetturerà che non sarò certo incline a reciprocare il favore ricevuto. Non così, invece, se chi può aiutarmi sa che sono un tipo capace di reciprocità.

La celebre favola della cicala e della formica che Jean de La Fontaine riprende da Fedro è, probabilmente, la più efficace illustrazione del punto in questione. Per tutta l'estate la cicala canta e balla, mentre la formica lavora indefessamente per accumulare riserve di cibo per l'inverno. Quando questo arriva, la cicala affamata chiede aiuto alla formica. Vorrei poterti aiutare – risponde la formica – ma, essendo razionale e autointeressata, non posso preferire il tuo benessere al mio. D'altro canto, non hai nulla da darmi in cambio, né sei in grado di offrirmi garanzie per la restituzione del prestito che mi chiedi.

Come risaputo, la favola è narrata tutta dal punto di vista della formica ed esprime lo scherno del «ricco» individualista per le persone imprudenti che non si curano di accumulare risorse per i momenti difficili. La formica rifiuta di concedere il prestito attaccandosi alla logica dello scambio di equivalenti. Ma si può verosimilmente sostenere che la formica avrebbe esercitato la virtù della prudenza, come una lunga aneddotica ha da sempre lasciato intendere? No di certo. Dopo tutto, il comportamento della formica è analogo, seppure simmetrico, a quello della cicala. Questa ritiene che cantare e ballare siano attività che aumentano l'utilità molto di più che accantonare provviste per il futuro. Quella, invece, è dell'opinione che, allo scopo di vivere più a lungo, si debba rinunciare al piacere nel presente. Ormai molto vecchia, la formica si disse: «È triste non poter quasi mai fare quello che si vuole, ma condurre un'esistenza felice rende la vita assai breve».

Sia pure in modi diversi, cicala e formica difettano entrambe di prudenza. L'unica differenza è che la cicala mira a massimizzare la sua funzione di utilità di breve periodo; la formica quella di lungo periodo. Nessuna delle due, però, riesce a comprendere che sono i rapporti di reciprocità riconoscente a rendere possibile una vita felice, il che è il vero fine cui l'uomo tende. Non ci può essere felicità laddove l'uno considera l'altro come mero strumento della propria autoaffermazione. Prudente è allora chi resta fedele alle proprie preferenze e che, al tempo stesso, si espone all'altro quale parte mancante e costitutiva dell'Io. Certamente più felice sarebbe stata la vita della formica se avesse potuto continuare a godere del canto della cicala. Ma il suo schiacciamento sulla sola utilità, sia pure di lungo termine, glielo ha impedito.

Generalizzando un istante, ciò significa che ognuno ha bisogno dell'altro per scoprire che vale la pena che si conservi; anzi, che fiorisca nel senso dell'*eudaimonía* aristotelica. Ma anche l'altro ha bisogno di essere da me riconosciuto come qualcuno che è bene che fiorisca. Poiché abbiamo bisogno del medesimo riconoscimento, io agirò nei confronti dell'altro come davanti a uno specchio. La realizzazione del sé è il risultato di tale interazione. La risorsa originale che posso mettere a disposizione di chi mi sta di fronte è la capacità di riconoscere il valore dell'altro all'esistenza, una risorsa che non può essere prodotta se non viene condivisa. È importante prendere atto di ciò che implica il riconoscimento dell'altro: non solo del suo *diritto* a esistere ma anche della *necessità* che esista perché possa esistere io, in relazione con lui. Riconoscere l'altro come fine in sé e riconoscerlo come mezzo rispetto al fine della propria realizzazione tornano così a essere unificati.

Con il che viene risolto il dualismo riduzionista fra una moralità, di marca kantiana, che esige che l'altro venga visto solamente come fine in sé e una teoria della razionalità strumentale che invece vede nell'altro il mezzo per il proprio fine. Il bene dell'autorealizzazione è raggiunto quando il riconoscimento reciproco tra persone è assicurato. Si badi – a scanso di equivoci – che il fatto che il mio riconoscimento dell'altro implichi il suo riconoscimento di cui io pure abbisogno non rende tale disposizione meramente strumentale. Infatti, il sé è costituito anche dal riconoscimento che l'altro gli conferisce. Alla luce di ciò, la stessa relazione mezzi-fini resta depotenziata, perché la capacità che un soggetto ha di calcolare i mezzi richiesti per conseguire un determinato fine dipende dalla relazione di reciproco riconoscimento che si è instaurata tra quel soggetto e gli altri.

È un fatto noto da tempo, anche se sistematicamente rimosso, che la cultura della modernità ha via via eroso il fondamento relazionale dei valori, i quali hanno finito con l'acquisire una dimensione sempre più privata, facoltativa. In tal modo, la mentalità libertario-individualista finisce col segarsi il ramo su cui è assisa. Soggettivizzando i valori, retrocedendoli a livello di preferenze individuali, questa mentalità finisce col negare o con lo sminuire la carica sociale che i valori sempre hanno. L'idea di libertà come libertà dell'individuo isolato, come libertà che il proprio *particulare* sia l'universale, riduce la libertà a permissivismo privato, negandole ogni valenza pubblica. Il che è proprio quello che la *prudentia* suggerisce di non fare.

Ci possiamo allora meravigliare se nelle odierne società opulente vediamo progressivamente ridursi la disponibilità di beni relazionali? Al loro posto vengono offerti e domandati «beni posizionali», beni che conferiscono utilità per lo status che creano, per la posizione relativa nella scala sociale che il loro consumo consente di occupare. Anche questi beni sono in un certo senso «relazionali» – sull'isola deserta, Robinson Crusoe non ha certo bisogno di beni posizionali –, ma mentre nei beni relazionali veri e propri la presenza e il rapporto con l'altro sono di reciprocità (da un rapporto di amicizia tutti i partner traggono vantaggio), la caratteristica del bene posizionale è la competizione distruttiva: devo «annientare» l'altro per far avanzare me stesso. Come si usa dire, con la competizione posizionale il gioco diventa a somma negativa: le perdite sopravanzano i guadagni.

Una delle scoperte più paradossali nella scienza sociale degli ultimi decenni è che la crescita del reddito non solo non porta sempre a un aumento di felicità, ma addirittura può condurre a una sua diminuzione. Il fatto è che la felicità non proviene *solo* dai beni e servizi che il denaro è capace di comprare. Il denaro serve bensì, ma vi sono altre «cose» che servono molto di più: tra queste la fiducia reciproca fra persone; la fraternità; la cultura. Non è difficile darsene conto. La promessa che il mercato e la società in generale fanno di una felicità che dipende dal consumo di beni posizionali porta a sacrificare beni relazionali pur di poter conseguire il reddito necessario per acquisire quei beni (basti pensare al crescente tempo che il lavoro ruba ai rapporti familiari e di amicizia); ma siccome la felicità dipende in gran parte da quei beni «sacrificati», ne deriva il paradosso in base al quale abbiamo sempre più ricchezza ma siamo sempre meno felici, proprio come tanti Re Mida, che muoiono di una fame che l'oro non può saziare. Il punto importante da tenere presente, infatti, è che utilità e felicità non sono la medesima cosa, non si coimplicano. Perché – lo ripeto – l'utilità è la proprietà della relazione tra l'essere umano e la cosa (i beni, i servizi danno utilità); la felicità, invece, è la proprietà delle relazioni interpersonali. È allora la mancanza di prudenza a far credere che per essere felici basti aumentare l'utilità.

L'imprenditore prudente

Volgiamo ora lo sguardo all'impresa. Chi è l'imprenditore prudente? È forse quello che per paura di sbagliare non investe nella sua azienda, né si impegna per realizzare innovazioni? *La tana* (1923) di Franz Kafka ci fa comprendere perché la risposta è un deciso no. «Ho assestato la tana e pare riuscita bene». Così inizia il romanzo, il cui protagonista è uno strano animale (forse una talpa) che ha trascorso un lungo tempo a scavarsi un rifugio per mettere al sicuro la propria vita. Il compiacimento per il lavoro svolto si stempera quando inizia a immaginare pericoli di ogni tipo cui non aveva pensato. Se all'inizio lo stolto animale può esclamare: «No, no, tutto sommato non devo proprio lamentarmi di essere solo e di non aver nessuno di cui fidarmi. Così certamente non perdo alcun vantaggio e forse mi risparmio qualche danno. Fiducia posso avere soltanto in me e nella tana». Alla fine, però, è assalito dal dubbio che tutte le misure che ha preso non bastino a garantirgli la sicurezza. A un certo punto, con un gesto assurdo decide di uscire dalla tana e nascondersi nei pressi dell'imbocco, per poter meglio controllare le mosse di chi dovesse arrivare. È dunque la paura dei possibili pericoli del mondo esterno a generare l'ansia sfibrante nell'animale e quindi a trasformare la tana in una prigione. Chi ha paura – diceva Sofocle – non fa che sentire rumori. Ebbene, non sono rari gli imprenditori che pensano alla loro impresa come se fosse una tana. E ne vediamo le conseguenze.

Chi è allora l'imprenditore prudente? Tommaso d'Aquino ci fornisce una risposta interessante e utile:

> Si dicono parti potenziali di una virtù quelle virtù supplementari che sono ordinate a materie o ad atti secondari non aventi tutta la forza della virtù principale. E sotto questo aspetto sono parti della prudenza l'*eubulia*, che riguarda la deliberazione [l'abilità di porre le

domande giuste e di trovare i fatti rilevanti], la *synesis*, che riguarda il giudizio su quanto avviene ordinariamente, e la *gnome*, che riguarda il giudizio su cose che esigono un'eccezione alla legge ordinaria (*Summa Teologica*, II-II, Q. 48).

La virtù supplementare che differenzia l'imprenditore prudente dagli altri è la *gnome*, cioè la capacità di leggere e di interpretare le *res novae* del contesto in cui opera, soprattutto nelle fasi di accelerato mutamento strutturale. In queste fasi, la «legge ordinaria», cioè le regole preesistenti, cessano di essere una guida sicura per il successo, perché le situazioni di incertezza non possono essere gestite appoggiandosi a regole e criteri del passato. Ci vuole allora un supplemento di capacità di giudizio per trovare la regola adatta al nuovo caso concreto, una regola che sappia tenere insieme le radici e le ali. È questa capacità un'espressione di quell'*ars combinatoria* che l'imprenditore prudente possiede e che aiuta a capire perché non tutti riescono a essere imprenditori di successo. È la virtù supplementare della *gnome* a fare la differenza.

Conviene spendere qualche parola ulteriore sul punto sollevato. La generazione di valore è tornata oggi – come già era accaduto all'epoca dell'Umanesimo civile nel XV secolo – ad aver bisogno di imprenditori che fanno della prudenza la loro regola di vita. Quel nuovo modello di economia di mercato, di cui si va parlando da qualche tempo, che è il capitalismo condiviso si occupa proprio di questo. Lo *shared capitalism* è un assetto organizzativo volto ad allineare gli interessi degli *stakeholders* a quelli degli *shareholders* e a porre l'impresa in dialogo con tutte le sfere in cui è articolata la società. L'evidenza empirica mostra che, laddove applicato sia pure in modo parziale, questo modo di produzione accresce significativamente il livello dei vari indicatori di performance aziendale. Valore e ricchezza possono aumentare, infatti, solo attraverso una collaborazione leale tra imprese, enti pubblici, società civile organizzata, dal momento che, come ho scritto nel mio *Impresa responsabile e mercato civile*[2], ciò che fa l'economia coincide e coinciderà sempre più con quello che la radica nel suo contesto sociale.

Siamo alla vigilia di una nuova stagione imprenditoriale che si caratterizza sia per il rifiuto di un modello basato sullo sfruttamento in favore di un modello centrato sul principio di reciprocità, sia per lo sforzo di dare un senso, cioè una direzione, all'attività d'impresa, la quale non può ridursi a pensare se stessa come mera «macchina da soldi». Invero, è sempre più diffuso tra gli stessi imprenditori il convincimento secondo cui il profitto non può essere l'unico obiettivo dell'impresa e soprattutto che non può esserci alcun *trade-off* tra profitto e impegno sociale, tra profitto e progresso civile. Perché il «come» si genera profitto è altrettanto importante del «quanto» se ne produce. Per dirla con una battuta, il passaggio cui stiamo assistendo è quello dalla concezione secondo cui «ciò che è bene per l'impresa è bene per la società» alla concezione opposta per cui «ciò che è bene per la società è bene per l'impresa». In un saggio di qualche anno fa, Simon Zadek della London School of Economics scrive:

> Il ruolo dell'impresa nella società è la più importante questione di politica pubblica del XXI secolo. L'impresa sempre più va forgiando i valori e le norme sociali e sempre più concorre a definire le pratiche pubbliche, oltre che essere il principale veicolo per la creazione

della ricchezza economica e finanziaria. [...] L'impresa cercherà allora di adempiere al suo ruolo creando nuovi modelli di governance civile che realizzino forme inedite di partenariato fra imprese, governo e organizzazioni non profit[3].

A ben vedere, la vera strozzatura che oggi frena il progresso sociale è l'assenza di prudenza che si può constatare in non pochi ambienti imprenditoriali, soprattutto in quelli finanziari. È questa carenza a non consentire all'imprenditore di gettare un ponte tra i luoghi in cui si produce la nuova conoscenza e i luoghi in cui essa viene applicata. Quando si parla di burocratizzazione dei processi aziendali come fattore di freno del cambiamento possibile si fa esplicito riferimento alla mancanza di prudenza. Valga un solo esempio, peraltro eclatante.

La rivoluzione digitale, iniziata negli anni Settanta del secolo scorso, ha modificato e va modificando in modo radicale il contesto in cui opera l'impresa del nuovo millennio. Ma ecco il paradosso: nonostante la crescita enorme della potenza dei computer e una miriade di invenzioni tecnologiche, ormai a tutti note, la produttività generale non è aumentata in misura corrispondente. Una recente indagine dell'Ocse[4], utilizzando dati dei paesi del G7, ha stimato che mentre nel ventennio 1970-1990 la produttività è aumentata, in media, del 2,6% all'anno, nel periodo 1991-2013, contraddistinto dal pieno ingresso delle nuove tecnologie nell'attività d'impresa, la produttività è salita, in media, dell'1,7%.

Parecchie sono le spiegazioni che si possono dare e che sono state avanzate. Ma non v'è dubbio che quella più plausibile faccia riferimento al cosiddetto *great war management problem*. Gli anni immediatamente precedenti lo scoppio della Prima guerra mondiale registrarono un avanzamento strepitoso della tecnologia militare, mentre la strategia militare era rimasta essenzialmente la stessa della guerra del 1870. Oggi, la situazione è, *mutatis mutandis*, analoga: la tecnologia è cresciuta così rapidamente da superare le strategie d'impresa, divenute obsolete. Ciò corrisponde al fenomeno dello «spiazzamento dei fini» in una burocrazia, di cui ha parlato il sociologo americano Robert Merton. Regole e procedure che inizialmente dovevano servire a prevenire il caos amministrativo diventano fini in se stesse. Si lavora come se il rispetto delle regole fosse un fine, anziché uno strumento per il fine che l'impresa intende perseguire. Questo accade quando l'imprenditore, tradendo la sua vocazione specifica, perde di vista, per difetto di prudenza, il bene al quale la sua opera è volta.

Da tempo, la scienza comportamentale conferma, soprattutto dopo i pionieristici lavori di Daniel Kahneman e Amos Tversky, che le persone che devono prendere decisioni, come sono gli imprenditori *in primis*, danno più importanza alla paura di una perdita che all'opportunità di un guadagno o di una vincita. Posto di fronte alla medesima scelta, ma presentata in un caso in termini di rischio e in un altro in termini di possibilità, chi deve scegliere è indotto a preferire la seconda opzione: spesso, la cornice colpisce più del quadro. La conseguenza è che si è più avversi al rischio quando si tratta di una possibile vincita che non quando si tratta di tentare di rifarsi dopo una sconfitta. In quest'ultimo caso si diventa avventati, fino alla rovina. Comprendiamo allora a cosa serve coltivare la *gnome*. La proposta di Tversky[5] suggerisce un modo concreto per ovviare ad asimmetrie decisionali del genere. Chi adotta la strategia della «eliminazione per aspetti» decide, in primo luogo, quali sono gli attributi o le dimensioni di valore da preservare; fissa poi una soglia massima di accettabilità di eventuali scostamenti; elimina infine tutte le alternative che superano quella soglia. È un fatto degno di nota che le nuove teorie manageriali stiano rivalutando la prudenza – come insieme di capacità, piuttosto che come insieme di regole – nel processo decisionale, tanto che oggi si può affermare che imprenditorialità e prudenza indossano gli stessi colori.

Note

[1] J. Ruskin, *Cominciando dagli ultimi*, Milano, Vita e Pensiero, 2014.

[2] S. Zamagni, *Impresa responsabile e mercato civile*, Bologna, Il Mulino, 2013.

[3] S. Zadek, *The Civil Corporation*, London, Earthscan, 2001, pp. 1-2.

[4] Oecd, *Productivity Growth*, Paris, 2014.

[5] A. Tversky, *Elimination by aspects*, in «Psychological Review», 79, n. 4, 1972, pp. 281-299.

III.

I compiti della prudenza nella società postindustriale

La terza fase nella storia della prudenza

Le peculiari caratteristiche della prudenza, in special modo la sua capacità di guidare razionalmente l'agire senza dipendere da una teoria forte, da un sapere teoretico, spiegano il ritrovato interesse nel pensiero contemporaneo nei confronti di questa antica virtù. Gilbert K. Chesterton, con il suo *L'assenza del signor Glass* (1913), ci fa capire perché. Nel racconto, lo scrittore inglese contrappone la specialistica competenza di un criminologo di fama, il dottor Orion Hood, all'ingenua semplicità di padre Brown, il goffo personaggio dei suoi scritti polizieschi. Mentre le indagini del primo non giungono in porto, padre Brown riesce ad approdare alla verità del caso. Perché? Hood è l'esperto che «s'interessa sinceramente di teorie in grande» e che «è sempre felice di applicarle anche a qualsiasi insignificante sciocchezza».

Applicando le sue teorie agli indizi raccolti, egli giunge bensì a una conclusione – che considera l'unica possibile – ma questa è errata. Chesterton è molto acuto nel far vedere come gli indizi considerati dal criminologo siano solamente quelli che si accordano con la teoria prescelta. Ecco perché non possono che confermarla e irrobustire la conclusione che essa costringe a trarre. Al contrario, padre Brown fissa l'attenzione su particolari trascurati e sull'eterodossa interpretazione data ad altri; e così giunge alla soluzione vera. Padre Brown dimostra di aver compreso, molto in anticipo sui tempi, la lezione del postempirismo e cioè che le teorie sono sottodeterminate rispetto ai fatti, dato che non è possibile estrarre un livello descrittivo libero da valori, comune a teorie diverse. Il che induce a considerare che i fatti sono portatori di teoria.

È chiara la differenza tra i due inquirenti. Questa non risiede nel fatto che l'uno possiede una teoria compiuta, mentre l'altro ne è sprovvisto. Anche padre Brown ha una sua teoria, ma a differenza del criminologo se ne serve non come strumento selettivo per andare alla ricerca dei fatti che la confermino – è questa la tecnica d'indagine, così frequente tra gli economisti, nota come *cherry picking* (scelta delle ciliegie): si presta attenzione a ciò che conferma le proprie credenze e si ignora ciò che le contraddice – ma come mappa per esplorare un territorio che ospita i fatti. Di qui la maggior libertà nel considerare gli avvenimenti e l'acume nella scelta di ciò che vale la pena di seguire o meno. Gli indizi che così raccoglie lo portano a concludere in modo diverso da quel che tutti si sarebbero potuti aspettare. Insomma, Brown investiga – laddove investigare letteralmente significa «agire per portare dentro» uno schema predefinito.

Il dottor Hood è certamente sapiente, ma non saggio, cioè prudente. Padre Brown, invece, si è esercitato con la *phrónesis* e così ha imparato che le teorie sono strutture olistiche nelle quali il significato di un termine è in parte determinato dalle sue relazioni con altri termini. E dunque non esiste alcun linguaggio di osservazione totalmente preteorico, dato che il senso preciso di un termine si modifica in conseguenza del contatto che si istituisce tra quel termine e gli altri nella teoria. Ha scritto il celebre poeta del XX secolo Thomas S. Eliot: «Dov'è la vita che abbiamo persa vivendo? / Dov'è la saggezza che abbiamo persa nel sapere? / Dov'è il sapere che abbiamo perso mettendo insieme nozioni?» (*La Rocca*, 1934). È la prudenza che scongiura il rischio di «perdere», che è il verbo che regge la serie di paradossi contenuti in questi versi.

Viviamo oggi la terza fase nella storia della prudenza, una fase caratterizzata da un ritorno potente dell'etica delle virtù, riconosciuta a tutti gli effetti come uno dei paradigmi di riferimento della discussione etica, accanto ad altre matrici quali il deontologismo e il consequenzialismo utilitarista. Oggi, la logica dell'etica delle virtù riesce a guadagnare terreno nonostante il lessico delle virtù si sia progressivamente svuotato di significato[1]. Come darsene ragione? Il guadagno che offre l'etica delle virtù è quello di liberarci dall'ossessiva idea platonica del bene, un'idea in base alla quale vi sarebbe un bene *a priori* da cui va ricavata un'etica da usare come guida per le nostre azioni. Aristotele – che è l'iniziatore dell'etica delle virtù –, in disaccordo in questo con Platone, suggerisce invece che il bene è qualcosa che avviene, che si realizza mediante le opere. È in ciò la chiave per dare risposta alla domanda «perché essere etici». Infatti, se non è bene per se stessi comportarsi in modo etico, perché non fare ciò che è bene per sé, anziché fare ciò che è raccomandato dall'etica? D'altro canto, se è bene per sé «essere etici», che bisogno c'è di offrire incentivi agli individui affinché facciano ciò che è nel loro stesso bene fare? La soluzione al problema della motivazione etica del soggetto non è quella di fissargli vincoli, o dargli incentivi, ma di offrirgli una più completa comprensione del suo bene. Solo se l'etica cessa di essere considerata come mero insieme di regole, quello della motivazione morale dell'agire cessa di essere un problema, dal momento che siamo automaticamente motivati a fare ciò che crediamo sia bene per noi. Ecco a cosa serve coltivare la prudenza.

Al fondo del ritorno dell'etica delle virtù troviamo una duplice ragione fondamentale. La prima concerne il ripensamento profondo della nozione di responsabilità nell'attuale epoca della globalizzazione. Come ognuno può constatare, questa va accentuando, in misura mai conosciuta in precedenza, la distanza tra azione e conseguenze ultime della stessa.

Honoré de Balzac nel suo *Papà Goriot* (1834) dimostra di aver compreso molto bene la natura del fenomeno quando mette in bocca a Rastignac questa domanda (rivolta all'amico Bianchon):

> Se ti venisse proposto in cambio di una ingente somma di provocare con la sola forza del pensiero la morte di un mandarino cinese, cosa faresti? Potresti ucciderlo senza che tu ne sia responsabile se non di fronte alla tua coscienza, perché mai nessuno lo verrà a sapere o lo vedrà.

La sfida etica che Rastignac pone all'amico può essere presa come icona del comportamento economico e politico nell'epoca della globalizzazione dei mercati, di quelli finanziari in particolare. Se non rilevo una relazione diretta e immediata tra la mia azione e il danno arrecato a qualcuno, allora non mi considero responsabile. Ma se – per fare un esempio in questo momento di straordinaria attualità – si provoca la fame di milioni di persone emettendo derivati aventi come sottostante i prezzi di prodotti alimentari di primaria necessità, allora si ricade nel caso contemplato da Balzac, con un'aggravante: che neppure si conosce chi si sta affamando. Come ormai si sa, la finanza speculativa non è affatto neutrale rispetto ai risultati cui dà luogo; essa è all'origine di pesanti esternalità pecuniarie. A differenza delle esternalità tecniche, quelle pecuniarie sono esternalità che vengono veicolate dal sistema dei prezzi e che generano effetti a carico di soggetti che tuttavia non hanno preso parte al processo economico che ha generato quei prezzi. È questo un caso di patente violazione del principio di equità che un'economia di mercato dovrebbe invece assicurare a tutti. (Forse per questo quasi mai i testi di economia parlano di esternalità pecuniarie!) È l'insufficiente considerazione che si dà alla prudenza a deresponsabilizzarci nei confronti delle conseguenze indirette e lontane delle nostre azioni.

La seconda importante ragione di cui dicevo è associata alla presa d'atto della differenza profonda tra le due forme primarie di azione: la scelta e la decisione. La libertà di decidere è assai più profonda e impegnativa della libertà di scegliere. La scelta, infatti, è l'applicazione tecnica di una particolare regola o procedura a una specifica situazione.

Ora, quando la regola (o la procedura) è corretta ed efficace essa permette al soggetto che deve scegliere di discriminare tra le alternative disponibili quella che meglio corrisponde al suo obiettivo. Accade però che quando il numero delle alternative in campo è molto elevato, la regola, pur corretta, perde la sua efficacia.

Come esemplifica Mark Taylor[2], il 18 dicembre 2010 «The Economist» pubblicò l'articolo *You choose* («Tu scegli») con un sottotitolo rivelatore: *If you can have everything in 57 varieties, making decisions becomes hard work* («Se puoi avere qualunque cosa in 57 varietà, scegliere diventa un compito assai duro»). In casi del genere, la scelta non è più liberante, ma debilitante, e il sintomo dello sconcerto che da essa discende è l'ansietà, la quale, a differenza della paura che ha sempre un oggetto, è indeterminata. L'aveva ben compreso Kierkegaard nel suo saggio classico *The Concept of Anxiety* (1844). Scegliere provoca ansietà perché mi rende «colpevole» nei confronti di tutte le altre possibilità che non ho scelto.

Assai diverso è il quadro che si presenta con la decisione. Questa, infatti, postula che si disponga o si vada alla ricerca di un criterio per agire; postula cioè che si accolga un particolare sguardo sulla realtà che ci metta in grado di selezionare, tra le tante disponibili, la regola che consentirà poi di scegliere. Poiché non esiste un metacriterio, una regola per scegliere la regola, la libertà di decidere quale regola adottare provoca spesso angoscia, e talvolta terrore. L'angoscia di sbagliare la decisione supera di certo la sofferenza provocata dall'ansietà generata dalla scelta. È forse per questo che Kierkegaard parla della «pazzia della decisione» come di un «balzo di fede».

Siamo ora in grado di apprezzare il ruolo fondamentale della prudenza, che è quello di eliminare, o quanto meno ridurre, il rischio del terrore. Alla scelta basta la ragion tecnica, come già si è accennato nel primo capitolo. Alla decisione è necessaria la ragion pratica, la *phrónesis*: è questa infatti che stabilisce quali regole sono volte a fini buoni e quali no. In altri termini, mentre con la tecnica si ragiona intorno al fare, la ragion pratica, cioè la prudenza, serve a ragionare sul cosa fare e come farlo in vista del bene. Mai si dimentichi che senza un *télos*, una destinazione, la virtù è solo rinuncia e perciò sofferenza.

Di quale prudenza abbiamo bisogno oggi, in un'età in cui è la decisione, assai più della scelta, a rendere inquieta la nostra condizione di vita? L'aurora della modernità – ha scritto con sovrana chiarezza Luigino Bruni[3] – fu caratterizzata dal dibattito sui meccanismi per orientare al benessere sociale non solo le virtù scarse, ma soprattutto gli abbondanti vizi dei soggetti. In tale contesto, Smith dimostrò che la ricchezza delle nazioni non nasceva dal vizio dell'avarizia né dalla passione triste dell'egoismo, ma dalla virtù della prudenza, «la cura dei beni, del rango e della reputazione dell'individuo» (*Teoria dei sentimenti morali*). È dunque prudente il buon padre di famiglia che si prende cura del proprio patrimonio, lo fa crescere, coltiva progetti di vita. I comportamenti viziosi contro la prudenza sono invece lo spreco, l'incuria, la stoltezza di chi sperpera risorse.

Questo ottimismo di stampo illuminista circa la trasformazione della prudenza individuale in virtù pubblica è durato poco, come si è detto. È accaduto, infatti, che man mano che l'economia di mercato di tipo capitalistico andava diffondendosi, le sue strutture di potere andavano ricreando nuove forme di feudalesimo, nuove disuguaglianze, nuove rendite di posizione. In particolare, è accaduto che i processi più importanti dell'economia si realizzavano assai più dentro le istituzioni (grandi organizzazioni d'impresa, Stato e altri enti pubblici) che non entro il mercato. Con quale conseguenza? Che la prudenza dei singoli non è più in grado, da sola, di produrre vita buona.

Con notevole anticipo sui tempi, l'aveva ben compreso Alexis de Tocqueville nel suo celebre studio sulla democrazia americana, quando avanzò la «dottrina dell'interesse ben inteso». Con tale concetto, l'intellettuale francese notava come il cittadino americano avesse assimilato l'*habitus* di considerare l'interesse pubblico come parte integrante del proprio interesse personale, nella consapevolezza che il buon funzionamento delle istituzioni conduce al benessere di tutti. In una società dove vige la regola di comportamento dell'«interesse ben inteso» non c'è contrapposizione tra interesse pubblico e interesse privato, perché per un cittadino fare l'interesse pubblico significa fare anche il proprio interesse. Si legge nella *Democrazia in America* (1835):

> La dottrina dell'interesse ben inteso non produce molto spirito di sacrificio [Tocqueville riteneva non ragionevole chiedere ai cittadini di fare propria la morale dei santi], ma suggerisce quotidianamente piccoli sacrifici; da sola non riuscirebbe a rendere virtuoso un uomo, ma forma una moltitudine di cittadini regolati, temperati, moderati, previdenti, padroni di sé; e se non guida direttamente alla virtù per mezzo della volontà, avvicina ad essa poco a poco attraverso l'abitudine[4].

(Forse la società che il Nostro tanto ammirò non esiste più; ma questa è un'altra questione.)

Ebbene, l'era dei beni comuni (*commons*) nella quale siamo entrati da oltre un quarto di secolo riattualizza, in forma nuova, l'intuizione di Tocqueville. Infatti, quando la componente dei beni comuni (energie non rinnovabili, foreste, mari, beni ambientali, sementi, conoscenza e altri) sul totale dei beni tende ad aumentare divenendo strategica, accade che la virtù individuale della prudenza non è più automaticamente una virtù del mercato, dal momento che non è più vero che ricercare l'interesse privato, sia pure «ben inteso», produce anche bene comune. La «tragedia dei commons», per usare il titolo del celebre saggio di Garrett Hardin[5], è lì a ricordarcelo.

Il biologo evoluzionista americano si avvale della metafora del pascolo ad accesso aperto a una pluralità di allevatori per descrivere una situazione socialmente dilemmatica del tipo noto come «dilemma del prigioniero». Il dilemma origina dal conflitto radicale tra interesse individuale (ciascun allevatore ha interesse a che il proprio bestiame sfrutti il più possibile l'erba del prato) e interesse collettivo (assicurare la sostenibilità del pascolo). In situazioni del genere, oggi sempre più frequenti, qualunque sia il corso d'azione che gli individui pensano di seguire, i costi di uscita dal dilemma sono comunque proibitivamente alti. Perché ciò accade? Perché si assume – e questo è un assunto, non certo qualcosa di dimostrato – che tutti gli allevatori si comportino, imprudentemente, come *homines oeconomici*. Non è dunque la natura del problema di per sé a essere responsabile dell'esito infausto, ma il modo di comportarsi delle persone – un modo che difetta di prudenza. Vedo di chiarire.

Comune è il bene che non è escludibile ma è rivale nel consumo ed è tale che il vantaggio che ciascuno trae dal suo uso non è separabile da quello che altri pure traggono da esso. In altro modo, il beneficio che il singolo fruitore ricava dal bene comune avviene *assieme* a quello di altri, non già *contro* (come accade col bene privato) e neppure *a prescindere* (come accade col bene pubblico). Contrasta dunque il bene comune il comportamento sia dell'opportunista (del *free-rider*) sia dell'altruista puro (quello di chi annulla se stesso per recare vantaggio all'altro). Cosa favorisce, invece, il bene comune? Il comportamento reciprocante tipico dell'*homo reciprocans* che dà senza perdere e riceve senza togliere. Ha scritto Hannah Arendt in *Vita activa* (1958) che *pubblico* indica «ciò che sta alla luce ... Ogni cosa che appare in pubblico può essere vista e udita da tutti». *Privato*, al contrario, è tutto ciò che viene sottratto alla vista. *Comune*, infine, «è il mondo stesso in quanto è comune a tutti e distinto dallo spazio che ognuno di noi vi occupa privatamente»[6].

La più recente e accreditata ricerca in ambito socioeconomico ha persuasivamente mostrato che mentre nel caso dei beni privati l'applicazione intelligente del principio dello scambio di equivalenti è tutto quanto serve alla bisogna, e mentre per risolvere il problema dei beni pubblici si può pensare di servirsi di una qualche variante della mutua coercizione – una sorta di «Leviatano burocratico» –, quando si ha a che fare con i beni comuni è inevitabile il ricorso al principio di reciprocità[7]. La croce del problema è proprio questa: che si sa come risolvere la «tragedia dei commons», ma non si riesce perché ci si ostina a pensare che il comportamento reciprocante sia assai poco diffuso nelle nostre società, contrariamente a quanto in realtà è. Capiamo così dove conduce l'assenza di prudenza. Un efficace resoconto ce lo offre Jared Diamond con le sue ricerche sul collasso delle società, come nel caso degli abitanti dell'isola di Pasqua[8]. L'incapacità di porre in atto una gestione di tipo cooperativo delle risorse comuni – gli alberi – condusse alla distruzione dell'intera comunità.

Giunto all'apice del massimo distacco dalla comunità, l'uomo-individuo della contemporaneità ha finito col diventare la sua prima vittima. Ossessivamente ripiegato sulla propria soggettività, l'uomo contemporaneo è proiettato verso un'autonomia e una separatezza del tutto inospitali, dimentico di ogni relazione con l'altro che non sia funzionale al perseguimento del proprio obiettivo. L'idea della società come sistema di bisogni da soddisfare, quando viene sposata al racconto di un individuo autoreferenziale, produce esiti distruttivi. L'aumento illimitato dell'efficienza del sistema dovuto alla tecnoscienza (la potenza), quando si combina con l'espansione senza vincoli della soggettività (la volontà di potenza), alimenta la *hýbris* anticipatrice del collasso.

Ecologia ed economia hanno la medesima radice – *ôikos* –, che designa la casa comune abitata dall'uomo e dalla natura. Ma l'uomo di oggi, preda dell'individualismo possessivo, ha buttato «fuori casa» la natura, con le conseguenze a tutti ormai ben note. Pensare allora di riuscire a trovare soluzioni efficaci e durature al problema dei beni comuni – dal clima alla biodiversità; dall'acqua alle sementi agricole; dalla conoscenza alla fiducia – prescindendo dal ragionamento prudenziale è fare la figura di quella gabbia, magistralmente descritta da Kafka nel 1918, che era alla disperata ricerca di un uccello per tentare di riempirsi!

La prudenza istituzionale

L'entrata nell'era dei beni comuni muta radicalmente lo scenario: alla persona prudente non è chiesto soltanto di orientare secondo virtù la propria vita, ma anche di agire per far sì che mutino in modo adeguato le strutture di potere, i sistemi di governance; in una parola l'assetto istituzionale della società. Perché se anche tanti *prudent men* (Adam Smith) vivessero entro istituzioni «imprudenti» gli esiti sarebbero comunque perversi. La cosa non deve sorprendere, se si considera che la prudenza è la virtù che rende possibile la vita buona e rende felici. La felicità – insegnava Aristotele – non può ridursi a un istante, non può dipendere da un evento, ma deve durare nel tempo. Ecco perché la prudenza non basta possederla, ma occorre esercitarla costantemente mediante le opere. Tuttavia la prudenza è pienamente tale quando è virtù civile, quando cioè il suo campo di applicazione è la *civitas*, la città con le sue istituzioni. Non c'è vita buona in isolamento, fuori dello sguardo dell'altro. Prudente, dunque, è chi eccelle nell'arte di gettare ponti e di costruire relazioni umane, perché è solo nella vita in comune che l'essere umano – animale sociale – può fiorire in pienezza.

Da dove partire per portare a successo il progetto teso a reinsediare la ragion pratica dentro il disegno istituzionale? Non esito a indicare due ambiti specifici, quelli che reputo prioritari. Il primo tocca il grande tema della giustizia sociale. Delle disuguaglianze e delle varie forme di esclusione sociale sappiamo ormai quasi tutto: come si misurano; come si manifestano; quali effetti vanno producendo; quali ne sono i fattori responsabili. Non sappiamo però concettualizzarle, non ne conosciamo l'ontologia, e quindi finiamo per prenderle come qualcosa di connaturato alla condizione umana oppure come una specie di male necessario per consentire ulteriori balzi in avanti della crescita. Insomma, come qualcosa con cui imparare a convivere, come in altre epoche storiche il genere umano ha saputo fare con le vicissitudini e le «stravaganze» della natura. L'accettazione supina del *factum* toglie così ali e respiro al *faciendum*. Eppure, già Nicolas de Condorcet, nel suo *Abbozzo di un quadro storico dei progressi dello spirito umano* (1794), aveva avvertito:

> È facile dimostrare che le fortune tendono *naturalmente* all'eguaglianza e che la loro eccessiva sproporzione o non può esistere o deve rapidamente cessare, se le leggi civili non stabiliscono mezzi artificiosi per perpetuarle o per riunirle[9].

Quanto a dire che le grandi disuguaglianze sono soprattutto un prodotto dell'assetto istituzionale della società e della sua organizzazione sociale.

Il capitalismo è uno, ma le varietà di capitalismo sono tante. E le varietà mutano in relazione sia alle matrici culturali prevalenti nelle diverse società sia alle caratteristiche della fase storica che si considera. Non c'è nulla di irreversibile nel capitalismo, così come in altri sistemi socioeconomici. Sempre si tenga presente la distinzione tra economia di mercato ed economia capitalista. La prima anticipa di almeno un paio di secoli l'avvento della seconda. Ciò per ribadire che i mercati non sono tutti eguali. Ad esempio, l'economia civile di mercato – così chiamata da Antonio Genovesi – non accetta quello che Joseph Schumpeter ha definito il motore del capitalismo e cioè la «distruzione creatrice»: il mercato capitalistico deve «distruggere», cioè espellere imprese e persone non (o meno) produttive per poter creare il nuovo e così espandersi indefinitamente. Questa versione del darwinismo sociale finisce col ridurre le relazioni economiche tra persone a relazioni tra cose e queste ultime a merci.

È questo specifico modello di capitalismo, tipico dell'attuale fase storica, che la ragion pratica non considera accettabile. È la prudenza a ricordarci che non è sostenibile una società di umani in cui si estingue la reciprocità e in cui tutto si riduce, per un verso, a migliorare, nel senso di rendere più efficienti, le transazioni basate sullo scambio di equivalenti e, per l'altro verso, ad aumentare i trasferimenti attuati da strutture assistenziali di natura pubblica. Non è capace di futuro la società in cui si dissolve il principio di reciprocità: non può progredire quella società in cui esiste solamente «il dare per avere» oppure «il dare per dovere».

Ciò non implica affatto rinunciare alla ricchezza in quanto tale. Significa piuttosto che sono i *modi* in cui la ricchezza viene generata e i *criteri* con cui essa viene distribuita tra i membri del consorzio umano a fare problema. Si tratta allora, per un verso, di ridisegnare le regole del gioco, cioè le istituzioni, soprattutto quelle economiche, che sono ancora in gran parte di tipo estrattivo – per usare la felice espressione di Daron Acemoglu e James A. Robinson[10] – e quindi escludono, anziché includere, virtualmente tutti. Per l'altro verso, occorre inserire il principio del dono come gratuità entro il discorso e la prassi economica, dando vita a tutte quelle iniziative economiche che hanno nella reciprocità il loro principio regolativo.

Si pensi alle imprese sociali, alle imprese cooperative, all'associazionismo di tipo produttivo, alla cosiddetta «finanza etica», al voto col portafoglio, alle strutture istituzionali della *corporate governance*, che includono diritti *positivi* di partecipazione dei lavoratori, e così via. La presa in considerazione della prudenza ci fa comprendere che non si può continuare con la soffocante dicotomia che vede, su un fronte, la tesi neoliberista secondo cui i mercati funzionano quasi sempre bene – e dunque non vi sarebbe bisogno di invocare speciali interventi regolativi – e, sull'altro fronte, la tesi neostatalista secondo cui i mercati quasi sempre falliscono – e pertanto occorre affidarsi alla mano visibile dello Stato. Invece, proprio perché i mercati – che sono necessari – talvolta non funzionano bene, è urgente intervenire sulle cause dei tanti malfunzionamenti, soprattutto in ambito finanziario, piuttosto che limitarsi a correggerne gli effetti. È questa la via che la prudenza suggerisce di battere.

Il mercato non è solo un meccanismo efficiente di regolazione degli scambi. È soprattutto un *éthos* che induce cambiamenti profondi nelle relazioni umane e nel carattere degli uomini. Di qui la necessità di recuperare quel principio di fraternità che pure era stato inscritto nella bandiera della Rivoluzione francese e che poi venne maldestramente rimosso. Esso deve trovare un posto *dentro* l'agire di mercato e non fuori, come invece vuole la concezione del «capitalismo compassionevole». Ciò significa riconoscere che è la reciprocità – non lo scambio – il principio d'organizzazione sociale in grado di risolvere in modo credibile il problema dell'ordine sociale. Una lunga tradizione di pensiero ci ha improvvidamente insegnato che l'ordine sociale può essere stabilito solo attraverso un rimando tra due poli: il polo della forza (violenza, lotta, competizione) e il polo della legge (contratto sociale). Ma si consideri il caso degli «stranieri perfetti». Se due stranieri si incontrano non possono siglare un accordo perché non hanno neppure una lingua in comune; allora, si direbbe, devono per forza combattersi. Oppure no. Uno può decidere di fare un dono, e scoprire che l'ordine sociale ne consegue.

Perché allora si continua a pensare che il potere è solamente quello fondato o sulla legge o sulla forza? Perché soprattutto la civiltà occidentale ha sempre subito il fascino del pensiero calcolante, irridendo spesso il pensiero pensante. Nella sua diagnosi della degenerazione culturale nella Germania degli anni Trenta e Quaranta, Dietrich Bonhoeffer parlava di *Dummheit*, cioè di stupidità, precisando che «si tratta di un difetto che interessa non l'intelletto ma l'umanità della persona»[11]. L'intelletto può bensì calcolare, ma solo l'umanità della persona e la sua prudenza sono in grado di produrre pensiero pensante.

Il secondo ambito cui sopra ho fatto riferimento concerne il modo di concepire il rapporto tra società politica e società civile.

In origine, le due espressioni – *società politica* e *società civile* – erano sinonimi. La *koinonìa politikè* di Aristotele corrispondeva, infatti, alla *civilis societas* di cui parla Cicerone nel *De Repubblica*. È solo dal XVII secolo che si registra la separazione dei significati, tuttora in uso. Due le visioni che da tale separazione sono derivate. Rifacendomi all'ormai celebre distinzione del politologo americano Michael Oakeshott, la scelta è tra politica come *enterprise association* e politica come *civil association*[12]. La prima concezione, che ha in Thomas Hobbes il suo capostipite e che presuppone una concezione della società di stampo organicistico, vede la politica come l'attività cui spetta di guidare la società in una direzione determinata. Con il che la sfera del politico viene a coincidere, di fatto, con la sfera del pubblico e questa con lo Stato-Leviatano. Per tale concezione, il governo è assimilabile al management di una grande impresa che deve sforzarsi di rendere compatibili le richieste delle varie classi di *stakeholders*. La società civile è il luogo degli interessi particolari che possono bensì esprimersi liberamente, ma a condizione di non intralciare il lavoro e di non porre in discussione il ruolo guida degli apparati amministrativi dello Stato, espressione e luogo dell'universale.

L'altra concezione, invece, che si rifà all'ideale liberal-democratico della politica, e che ha in John Locke il suo primo e più efficace sistematizzatore, non accetta che lo spazio pubblico sia tutto occupato, senza scarti, dai partiti, i quali sono bensì attori necessari, ma non unici, su un palcoscenico nel quale recitano anche altri attori sociali e civili. Non accetta, cioè, che questi ultimi siano sussunti nei primi. E ciò per la fondamentale ragione che gli uomini sono capaci di socialità prima ancora di arrivare a sottoscrivere il contratto sociale.

Quali conseguenze discendono dalle due concezioni della politica ai fini presenti? In primo luogo, un diverso modo di interpretare il principio di sussidiarietà. Mentre la politica come *enterprise association* privilegia la sussidiarietà negativa, che consiste nel divieto di sottrazione («mai privare dell'autonomia le unità sociali inferiori»), la politica come *civil association* enfatizza piuttosto la sussidiarietà positiva, che consiste nel dovere di aiuto della sfera del sociale nei confronti della persona. Nel primo caso, la sussidiarietà diviene una tecnica di governo; nel secondo caso, essa è piuttosto un principio di ordine sociale.

Una seconda conseguenza importante concerne l'accettabilità o meno di porre in atto pratiche di democrazia deliberativa. Sono tali le pratiche ancorate al principio in base al quale si deve arrivare alle decisioni di una certa rilevanza – si pensi al governo del territorio, alle grandi infrastrutture, alla tutela dell'ambiente – coinvolgendo tutte le parti in causa o i loro rappresentanti in forza del metodo dialogico. (È bene tener presente che la democrazia deliberativa non va confusa con la democrazia partecipativa: la prima ha bisogno dei corpi intermedi, bene organizzati; alla seconda bastano individui bene informati ai quali si chiede semplicemente consiglio.)

Chiaramente, solo una politica intesa come *civil association* è capace di dare ali a quegli istituti che rappresentano la condizione necessaria della partecipazione popolare di tipo deliberativo. La concezione della politica come *enterprise association* può, tutt'al più, assicurare la partecipazione consultiva e quella petizionaria – come accade ad esempio con i referendum. Ma è evidente che essa non riesce a scongiurare il rischio della demofobia. Come sappiamo, tanti sono i modi per declinare il concetto di demofobia. Il più celebre è quello oligarchico tradizionale, oggi non più di moda. Il modo più raffinato, nelle nostre società odierne, è quello elitistico-competitivo di Schumpeter, secondo cui è alle élite competenti che va affidata la decisione politica, perché solo esse sarebbero in grado di assicurare risultati di efficienza. Di qui l'insistenza su leggi elettorali di tipo maggioritario che sanciscano la distinzione tra voto utile e voto inutile e sull'opportunità che i corpi intermedi della società non siano posti nella condizione di ostacolare la governabilità.

Di una terza conseguenza, infine, mette conto dire. È certamente vero che per contare e farsi rispettare sulla scena internazionale un paese deve dotarsi di un governo autorevole sostenuto da una maggioranza politica coesa. Ciò però non basta per guadagnarsi rispettabilità e consenso. Quel che in più occorre è un sistema di rappresentanza sociale degli interessi legittimi capace di formulare progetti indirizzati al bene comune. In altri termini, al buon *government* occorre affiancare la buona *governance*. Ebbene, la delegittimazione dei corpi intermedi della società, che la visione della politica come *enterprise association* sempre determina, finirebbe col favorire un corporativismo sociale di tipo anarchico, sostitutivo del metodo concertativo, espressione di responsabilità collettiva.

La frammentazione delle rappresentanze sociali porta alla pratica di un modello di relazioni fra politica e interessi fondato – come dice Sergio Fabbrini – sullo scambio. La buona governance, invece, ha necessità di aggreganti coalizioni di interesse che si legittimano proprio per la loro capacità di proporre soluzioni generali a problematiche particolari. È questa la funzione insostituibile dei corpi intermedi: partecipare al processo di ideazione ed elaborazione delle *policies*, cioè al processo di costruzione della governance – fermo restando che alla *politics* deve comunque restare il compito della decisione ultima.

Ebbene, è la prudenza politica a suggerire che il modello di democrazia adeguato a raccogliere la sfida di questo tempo non può essere di tipo demofobico. Invero, la distinzione introdotta nella modernità tra pubblico e privato non riesce più a far presa sulla realtà, non solamente perché lascia fuori segmenti importanti della società, ma anche perché c'è conflazione tra le due sfere. Come osserva il costituzionalista tedesco Gunther Teubner, la conflazione deriva dalla circostanza che il contratto – che è lo strumento principe che muove la sfera del privato – deve sempre più includere i problemi di carattere pubblico che esso scatena[13]. Ciò in quanto la contrattazione privata produce sempre esternalità pecuniarie (positive o negative a seconda dei casi) che ricadono in capo a soggetti terzi rispetto alle parti in causa. Ecco perché la società odierna può darsi ordini di tipo costituzionale che emergono dalla società civile, e non solo dal corpo politico.

Su quale base poggia una tale proposizione? Sulla constatazione che il sistema politico non riesce più ad assolvere il compito della rappresentanza delle tante aree della società. Infatti, la crescita rapida del pluralismo sociale è oggi tale che gli individui non possono più dirsi rappresentati da una sola organizzazione – fosse pure un grande partito oppure un grande sindacato. È il fatto della pluriappartenenza, il fatto cioè che le persone nella società odierna possono scegliere la propria identità come risultato di appartenenze plurime, a far sì che il tradizionale sistema della rappresentanza non sia più sufficiente a coprire tutti gli ambiti in cui si esprime l'esistenzialità delle persone. Posso anche aderire a un partito politico ed essere iscritto a un sindacato, ma questi due luoghi istituzionali non mi bastano più per dare piena espressione alla mia identità, oltre che piena tutela ai miei interessi.

Ebbene, la novità importante di questo nostro tempo è la presa d'atto dell'insostenibilità, oltre che del deficit democratico, del vecchio modello di organizzazione sociale. È quando ci si confronta con i problemi connessi alla globalizzazione dei mercati e all'avvento della rivoluzione digitale che si inizia a percepire cosa significa aver lasciato ai margini – per difetto di prudenza – il civile, impedendogli di esprimere tutta la sua carica progettuale. Non solo la politica di oggi non dispone più della capacità di orientare il processo economico, ma ne è diretta a sua volta. Accade così, come una mole impressionante di segni lascia intravedere, che la *politics* si trova stretta fra l'incudine delle richieste degli elettori, sola fonte di legittimità democratica, e il martello delle minacce (o dei ricatti) dei mercati, impolitici per definizione, che chiedono ai governi di porre in atto dinamiche socialmente ingiuste e pericolose.

È questa inversione del rapporto tra democrazia e mercato – vera e propria novità storica rispetto al lungo periodo di vigenza del principio del Noma, secondo cui era la democrazia a dover essere il regno dei fini e il mercato il regno dei mezzi – a spingere i governi a ricorrere direttamente al popolo, scavalcando le varie espressioni della società civile organizzata. È questo il segno eclatante, in questo nostro tempo, della vittoria – che però non potrà durare ancora a lungo – della concezione della politica come *enterprise association*, secondo cui il politico si costituisce lui stesso in «mercato». La ragion pratica ci dice, infatti, che il nostro bene dipende anche dal modello di democrazia che intendiamo darci e non solo dalla nostra capacità di adattamento a un assetto politico-istituzionale ereditato dal passato – come Amartya Sen da tempo va insegnando.

Certo, nessuno si nasconde le difficoltà e le insidie insite nel progetto di andare oltre lo stallo attuale. Immaginare che le novità e i cambiamenti necessari non rechino con sé tassi, anche elevati, di conflittualità sarebbe ingenuo. Ma si tratta di un compito irrinunciabile se si vuole superare, da un lato, un certo neomachiavellismo di mercato e, dall'altro, un certo neomachiavellismo di Stato. Il noto antropologo Arjun Appadurai ha definito la capacità di aspirare (*capability to aspire*) come la capacità delle persone di partecipare alla costruzione delle rappresentazioni sociali e simboliche che danno forma al futuro, ai progetti di vita.

Un bel racconto di Chatwin ci indica come fare per favorire lo sviluppo di questa capacità. Uno schiavista bianco riesce a convincere i suoi schiavi neri ad accelerare l'andatura in cambio di denaro. In prossimità della meta, gli schiavi si fermano rifiutandosi di riprendere il cammino. Interrogati per dare spiegazione del loro irragionevole comportamento – all'inizio, infatti, avevano accettato l'offerta – rispondono: «Vogliamo dare tempo alle nostre anime di raggiungerci». È proprio così: nelle fasi di crisi, cioè di transizione, c'è bisogno di sostare un po' per consentire al pensiero pensante di raggiungere (almeno) il pensiero calcolante. È questo, in fin dei conti, il grande messaggio della prudenza.

Note

[1] A. Da Re, *Le virtù tra dimenticanza e riabilitazione*, in «Dialoghi», 7, n. 1, 2007, pp. 58-67.

[2] M. Taylor, *Madness of choice*, in «Capitalism and Society», 8, n. 2, 2013, art. 3.

[3] L. Bruni, *Le nuove virtù del mercato*, Roma, Città Nuova, 2012.

[4] A. de Tocqueville, *La democrazia in America*, Milano, Rizzoli, 1999, p. 581.

[5] G. Hardin, *The tragedy of the commons*, in «Science», 162, n. 3859, 1968, pp. 1243-1248.

[6] H. Arendt, *Vita activa*, Milano, Bompiani, 1984, p. 39.

[7] S. Zamagni, *Beni comuni ed economia civile*, in L. Sacconi e S. Ottone (a cura di), *Beni comuni e cooperazione*, Bologna, Il Mulino, 2015.

[8] J. Diamond, *Collasso. Come le società scelgono di vivere o morire*, Torino, Einaudi, 2005.

[9] N. de Condorcet, *Abbozzo di un quadro storico dei progressi dello spirito umano*, Torino, Einaudi, 1969, p. 171.

[10] D. Acemoglu e J. Robinson, *Perché le nazioni falliscono*, Milano, Il Saggiatore, 2013.

[11] D. Bonhoeffer, *Resistenza e resa*, Cinisello Balsamo, Edizioni paoline, 1988, p. 65.

[12] M. Oakeshott, *La condotta umana*, Bologna, Il Mulino, 1985.

[13] G. Teubner, *La cultura del diritto nell'epoca della cooperazione*, Roma, Armando, 2005.

Anziché una conclusione, un rinvio

Lo scopo che mi ero prefisso quando ho iniziato la preparazione di queste pagine era quello di contribuire a rimettere in circolazione, nell'attuale temperie culturale, il discorso sulla prudenza. Una parola questa per troppo tempo messa in disparte nella scienza sociale, fino a essere lasciata cadere in disuso – forse perché è parola fastidiosa in una società che invita all'eccesso. Al termine di questo breve viaggio intellettuale devo dire che la mia convinzione sulla necessità, anzi l'urgenza, di riprendere quel discorso è ulteriormente accresciuta. In queste ultime righe, desidero fare rapido cenno a un aspetto specifico, al nesso profondo tra prudenza e carattere umano.

Sappiamo che l'imprudenza è il deviamento di due tendenze di per sé legittime e necessarie: la stima di sé e il desiderio della stima degli altri. La prima è la base della dignità personale, è un atto di giustizia verso se stessi; la seconda è il fondamento della socievolezza, del senso del proprio onore. Si legge nella *Teoria dei sentimenti morali* di Smith: «Quale maggiore felicità di essere amati e sapere di meritare di essere amati». Non basta dunque essere amati; occorre anche la coscienza di sapere di meritarselo. Tuttavia, mentre l'eccesso della stima di sé conduce al narcisismo e infine alla superbia o all'arroganza, l'eccesso del desiderio della stima degli altri è vanità che porta spesso all'invidia, generatrice di pena. Le due tendenze non vanno confuse. Il desiderio della stima degli altri si trova, infatti, in persone che si riconoscono di poco merito, eppure ben liete di farsi regalare qualità che non hanno. Viceversa, vi sono persone piene di sé che hanno a sdegno l'opinione altrui. Lo dice bene Pascal: «La dolcezza della gloria è così grande che a qualunque cosa si unisce, foss'anche la morte, si ama. Diamo con gioia anche la vita, purché se ne parli».

Ebbene, la prudenza è la virtù che ha il compito di opporre resistenza a questi deviamenti, mantenendo l'equilibrio tra stima di sé e desiderio della stima degli altri. È dunque verità e giustizia. In quanto verità traccia la regola di direzione; in quanto giustizia inclina ad agire conformemente a questa regola. In quanto è verità, risiede nell'intelletto; in quanto è giustizia, risiede nella volontà. Le due tendenze che la prudenza regola e guida sono una forza; e ogni forza contiene, in potenza, il movimento. Ecco perché la prudenza è virtù trasformatrice della realtà, sia personale sia sociale. Essa è come l'auriga cui fa riferimento Platone quando nel *Fedro* scrive: «Il solco sarà diritto [e perciò abbondante sarà il raccolto] se i due cavalli che trainano l'aratro avanzano con la medesima andatura». I cavalli sono le due tendenze di cui sopra. L'uomo vanitoso sposta il fine dal bene alla lode; il narcisista sposta il fine dal bene all'amore avido di se stesso (sappiamo che fine fa Narciso).

Sulla scia della linea di pensiero degli umanisti civili del XV secolo, Smith dimostra di aver colto la distinzione quando ci dice:

> Meritare, acquistare, godersi il rispetto e l'ammirazione dell'umanità sono i grandi oggetti dell'ambizione e dell'emulazione. Ci si pre-

sentano due diverse strade: [...] una è rappresentata dalla cura della saggezza [*phrónesis*] e dalla pratica delle virtù; l'altra è rappresentata dall'acquisizione della ricchezza e del potere[1].

L'uomo prudente fa allora tesoro del consiglio di Goethe quando nelle *Affinità elettive* (1809) scrive: «Contro la grande superiorità di un altro non c'è mezzo di salvezza all'infuori dell'amore».

È stato detto che uno scrittore attinge sempre, in qualche misura, a se stesso per sviluppare l'argomento che ha scelto di trattare. Come dire che, in qualche misura almeno, l'autobiografismo è inevitabile non solo nelle opere letterarie – il che è quasi ovvio – ma anche nella saggistica. Ebbene, devo ammettere che questo vale anche nel caso presente. È stato l'incontro, avvenuto circa un ventennio fa, con il paradigma dell'economia civile ad avermi fatto riscoprire il senso autentico e la rilevanza della prudenza come virtù necessaria al superamento dei limiti seri di una visione di mercato e di una concezione dell'impresa fondata sull'individuo – anziché sulla persona –, sulla ricerca compulsiva della ricchezza – anziché della pubblica felicità –, dimenticandosi così di beni fondamentali come i beni relazionali, i beni comuni, i beni di gratuità.

Mi piace immaginare la prudenza come la corda tesa di un arco. La corda è la spinta, l'arco è il freno, la realtà che, non rompendo la corda, le permette di tirare frecce verso il futuro. In tanti, oggi, vogliono rompere la corda e per farlo tendono l'arco ai suoi limiti massimi. Bisogna allora rafforzare la corda, per accrescerne la capacità di resistenza. Quando c'è, la prudenza rende armonica la vita. Consente di concedersi perfino l'eccesso senza però cadervi, proprio perché essa è capace di modulare le passioni.

Con un pensiero antico, ancor oggi attuale, di Bernardo di Chiaravalle (XII secolo), concludo questo breve saggio. Esso ci parla del senso dello studio e della ricerca:

> Vi sono di quelli che desiderano sapere soltanto per sapere, ed è spregevole curiosità. Vi sono di quelli che desiderano sapere per mettersi in mostra, ed è spregevole vanità. [...] Vi sono di quelli che desiderano sapere per vendere la propria scienza, ed è spregevole commercio. Ma ci sono pure alcuni che vogliono sapere per edificare, ed è carità. E vi sono al-

cuni che vogliono sapere per essere edificati, ed è *prudenza*. Di tutti questi solo gli ultimi due non cadono nell'abuso della scienza, perché vogliono sapere per fare del bene (*Sermoni sul Cantico dei Cantici*, 36, 3-4).

Il brano si commenta da solo. Voglio solamente aggiungere che se un tale pensiero aveva senso che venisse meditato nel XII secolo, oggi la sua salienza e la sua importanza sono ancora, e di gran lunga, maggiori.

Nota

[1] A. Smith, *Teoria dei sentimenti morali*, Milano, Rizzoli, 1995, p. 139.

Finito di stampare nell'ottobre 2015
dalla litosei, via rossini 10, rastignano, bologna
www.litosei.com

Stampato su carta Munken Print Cream di Arctic Paper,
prodotta nel pieno rispetto del patrimonio boschivo